W0045685

ASTRA

HAMBURG

KATHARINA CHARPIAN
LISA VAN HOUTEM
ANNA WEILBERG

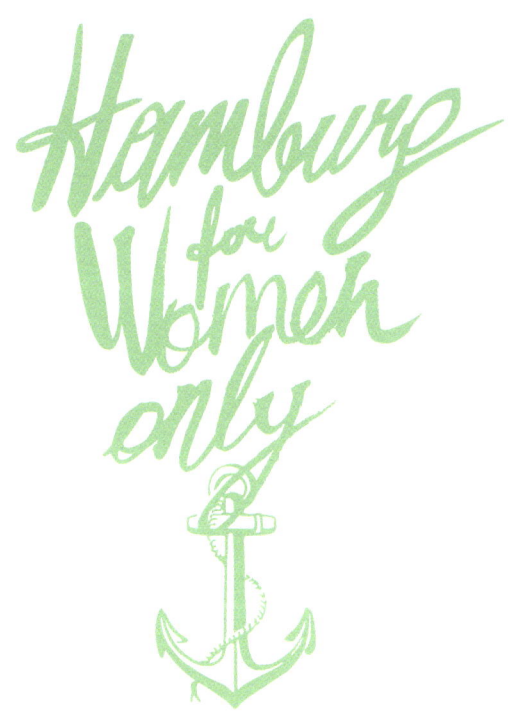

Hamburg
for
Women
only

—

HERAUSGEGEBEN VON NICOLE ADLER

Brandstätter

*Mit Fotografien von*

**Pelle Buys**

*u. a.*

—

*Grafikdesign*

Mitra Farahmand und Christine Fischer

# INHALT

NICOLE ADLER & LISA VAN HOUTEM, ANNA WEILBERG, KATHARINA CHARPIAN

# HAMBURG HAT ALLES

Eine sympathische Schnörkellosigkeit und eine Direktheit, ohne Umwege auf den Punkt zu kommen zeichnen die Stadt und ihre Bewohnerinnen aus. Hier trifft Neues auf Bewährtes, Hochkultur auf Gegenkultur. Hamburg hat alles: Großstadtflair, eine Hafencity, vornehme Villenvororte und moderne Coolness. Eine Gastronomie von euphorisierendem Einfallsreichtum, ein Rotlichtviertel, das zugleich auch Partymeile ist, famose Parks und Grünflächen, die raue Elbe, die sich zur charmanten Alster gesellt und ein Klima, das einem den Kopf freibläst.

Dieser City-Guide von Frauen für Frauen will Lust darauf machen, die Hansestadt auch einmal aus anderen Perspektiven zu sehen und für sich zu entdecken. Dazu gibt es Insidertipps von Frauen, die Hamburgs Stadtleben prägen und mitgestalten und die hier verraten, was ihre Lieblingsplätze sind. Angefangen von Design- und Modestores mit Liebe zum Handwerk und nordischem Flair über das vegane Frühstückscafé ums Eck, schummrige Kiezkneipen und Schickimicki-Clubs oder junge Galerien und Street-Art-Murals bis zu Schauplätzen abseits des urbanen Trubels. Denn *Hamburg for Women only* weiß, wo im Frühling die schönsten Apfel- und Kirschbäume in voller Blüte stehen, die Schwäne zwischen den Segelschiffen treiben und Jogging zum morgendlichen Vergnügen wird.

Das großartige *Hamburg for Women only*-Autorinnenteam, die Journalistinnen und Hamburg-Insiderinnen Katharina Charpian, Lisa van Houtem und Anna Weilberg, schreibt normalerweise für Hochglanzmagazine und sein Online-Girlpower-Zine femtastics.com. Mit Stilsicherheit, nordischer Gelassenheit und einem Augenzwinkern führen die drei an Orte, an denen sich die Stadt neu erfindet, zuweilen auch die Perspektive wechselt oder einfach nur das Leben feiert und gute Laune bereitet.

In diesem Sinn – viel Vergnügen!

*Nicole Adler*

BONNIE BLUSH

# Mode & Shopping

DIE STADT HAT MEHR ZU BIETEN ALS
NORDISCHES UNDERSTATEMENT.
HAMBURGS MODELABELS SIND SO
UNTERSCHIEDLICH WIE SEINE VIERTEL:
VON HIP-HOP BIS HIGH FASHION.

„*HAMBURG IST DAS TOR ZUR WELT.* Aber eben nur das Tor." Mit diesen Worten schickte die Mutter von Hamburgs wohl berühmtesten Designer ihren Sohn Karl Lagerfeld im Alter von 14 Jahren nach Paris. Die Hamburger sind nicht nachtragend und freuen sich, dass der Hamburger Jung zum weltweit bekannten Star der Modewelt geworden ist. So empfing seine Heimatstadt ihn auch mit offenen Armen, als er sich entschied im Dezember 2017 die „Métiers d'Art"-Kollektion für Chanel geladenen Gästen in der Elbphilharmonie zu präsentieren und die Mode bei einer anschließenden Party in der Fischauktionshalle zu zelebrieren.

Neben King Karl zählt auch die „Queen of Less", Jil Sander, zu den spannendsten Modepersönlichkeiten der Hansestadt. Heidemarie Jiline Sander eröffnete 1968 ihre erste Boutique an der Pöseldorfer Milchstraße und ist auch 50 Jahre später immer noch für ihre puristischen Schnitte weltweit bekannt.

Den internationalen Designolymp hat seitdem kein Hamburger Designer mehr erklommen. Die neue Hamburger Modeszene produziert lieber lokal mit hohem qualitativem Anspruch, und wächst im Kleinen, ohne die große internationale Karriere anzusteuern. Trotzdem ist die hiesige Szene in Bewegung: Pop-up-Stores, Modefestivals und Panels sorgen für einen zeitgemäßen Umgang mit Mode, Konsum und Nachhaltigkeit. Statt Konkurrenzdenken setzt man auf Zusammenhalt und Unterstützung. Designer teilen sich Ateliers, tauschen Erfahrungen aus und betreiben gemeinsame Stores wie etwa bei *Kleine Freiheit No 1*. Jüngstes Beispiel ist der zweimonatige Pop-up-Store der *Kleiderei*. Ein Kleider-Sharing-Projekt, das die Hamburger Kreativszene mittels Talks und Shoppingveranstaltungen vernetzte. Oder die Neue Botschaft Hamburg, in der PR Consultant Melanie-Jasmin Jeske zweimal im Jahr Pressetage für die lokalen Designer initiiert und so den Auftritt der Hamburger Modemacher in der verlagsstarken Stadt intensiviert.

Die Stile der Hamburger Designer sind dabei so unterschiedlich wie Hamburgs Viertel. Von Hip-Hop bis High Fashion, von filigranem Schmuck bis zu progressiven Accessoires. Erst aus den Einzelteilen entsteht, wie bei einem Puzzle, das große Ganze, der Hamburger Stil. Ein gemeinsamer Nenner ist der Fokus auf Nachhaltigkeit: Das Designerduo hinter dem Label *Lies in Layers* produziert seine feminine Streetwear lokal in Altona, der Schmuckdesigner *Jonathan Johnson* aus der Neustadt nutzt recyceltes Gold und Sterlingsilber für seine auch mal

NINA KASTENS ATELIER

provozierenden Kreationen und Designerin und Surf-Fan Mareen Burk kreiert ethische Bademode, die deutschlandweit gefragt ist. Zu den spannendsten Newcomerinnen zählen die Taschendesignerin *Alesya Orlóva,* die ihre minimalistischen „Bucket Bags" in Italien fertigen lässt, die Schmuckdesignerin *Nina Kastens,* die für ihre Entwürfe Zeitgeist mit einem hohen qualitativen Anspruch paart, und Designerin Tanja Glissmann, die zuvor bei Lala Berlin gearbeitet hat. Sie interpretiert für ihr Label *Black Velvet Circus* Sixties- und Seventiesschnitte neu und animiert mit Stickereien und Illustrationen zu mehr Selbstliebe – kaufen kann man ihre Kreationen zum Beispiel im *Mili Store* in Eppendorf.

Im Luxussegment sorgen gerade zwei Hamburger Brands für internationalen Applaus: Hinter dem Taschenlabel *Stiebich & Rieth* steckt das Designerpärchen Julia Rieth und Detlef Stiebich, das sich zuvor bei Wunderkind und Bogner profilierte, und jetzt von Hand genähte Taschen designt. *Xenia Bous* hat in der Vergangenheit Schmuck für internationale Labels wie Valentino und Emilio Pucci kreiert. Für ihr eigenes Label entschied sie sich bewusst für den Standort Hamburg.

Keine andere Stadt beherbergt so viele traditionsreiche Stores und Luxus-Boutiquen wie Hamburg. *Anita Hass, Petra Teufel, Linette und Unger* kleiden schon seit Jahrzehnten sowohl Modefans als auch gut betuchte Bewohner der Hamburger Elbvororte ein. Neu dabei ist der Multi-Brand-Store *Uzwei,* vergleichbar mit dem Berliner The Store im Soho House, gibt es hier nicht nur Designermode, sondern auch Blumen, Beauty und ein Deli. Nur eine Brückenüberquerung entfernt liegt der Neue Wall, das Epizentrum des Luxus-Shoppings, der Flagship-Stores von *Chanel,* Gucci, Louis Vuitton und Hermès beherbergt und seit kurzem in den Neuen Stadthöfen mündet (Neuer Wall/Ecke Stadthausbrücke). Ein geschichtsträchtiges Quartier, das mit etwa vierzig Stores zum Flanieren einladen soll.

Doch auch fernab der Innenstadt lohnt es sich immer, auf Entdeckungstour durch die oft versteckten Boutiquen in Stadtteilen wie Eppendorf, Eimsbüttel, der Neustadt und der Sternschanze zu bummeln (z.B. *Little Department Store*). Hier findet man vor allem skandinavische Brands, europäische Trendlabels und ausgewählte Stücke von hanseatischen Newcomern. Man muss eben wissen, wo man sie suchen muss, die Hamburger Perlen. — KATHARINA CHARPIAN

## *MODESHOPS*

### ALTONA

#### Allike

In einem ehemaligen Fotostudio befindet sich das Sneaker-Mekka Hamburgs. Bei Allike zieren nicht nur die angesagtesten Modelle von Nike, Adidas & Vans die riesige Sneakerwand, an den Stangen hängt auch Streetwear von Wood Wood, Henrik Vibskov, Norse Projects und Soulland. Auch Jungs werden hier happy!

*Virchowstraße 2, Tel.: 040/67 38 17 80, www.allikestore.com, Öffnungszeiten: Mo–Sa 10–19 Uhr*

### EIMSBÜTTEL

#### Hey Love Hamburg

Ein Brautkleid aus Hamburg? Oh, ja! Im neuen Bridal Concept Store Hey Love finden zukünftige Bräute Hochzeitskleider im modernen Bohemian-Stil aus Neuseeland, USA, Deutschland und Dänemark. Und auch Bräutigam, Brautjungfern und Brautmutter bekommen hier eine professionelle Styling-Beratung.

*Eppendorfer Weg 54, Tel.: 040/375 04 06 00, www.hey-love.de, nur mit Terminvereinbarung*

HELLO LOVE

#### Purple Pink

Er hat in Hamburg als einer der Ersten den Fokus auf skandinavische Mode gelegt – Shopbesitzer Dachar Sontoung ordert jede Saison neue potenzielle Lieblingsstücke in Kopenhagen. Mit dabei: Stine Goya, Wood Wood, Carin Wester, Baum & Pferdgarten und Ganni. Außerdem Schmuck von Maria Black und Vibe Harsløf.

*Weidenallee 21, Tel.: 040/43 21 53 79, www.purple-pink.de, Öffnungszeiten: Mo–Fr 11–19 Uhr, Sa 10–17 Uhr*

### EPPENDORF

#### Anita Hass

Anita Hass ist Kult, schon seit den Siebzigerjahren macht die Boutique in Hamburg Modeträume wahr. Auf den Tischen reihen sich Céline Trio Bags neben Mansur Gavriel Bucket Bags, an den Stangen hängen Kleider von Isabel Marant und Lala Berlin, und im rosafarbenen Schuhregal treffen Boots von Chloé auf Acne Sneakers. Beauty von L:A Bruket, Nuori und Marvis sowie Interior-Accessoires machen die drei nebeneinanderliegenden Stores zur Erlebniswelt für Mode-Lover!

*Eppendorfer Landstraße 60, Tel.: 040/46 59 09, www.anitahass.com, Öffnungszeiten: Mo–Fr 10–19 Uhr, Sa 11–18 Uhr*

#### Hello Love **Top!**

Girlgangs werden hier definitiv fündig! Die Inhaberinnen Henrike und Anni stehen auf alles mit Glitzer, Einhörnern und Message – vom T-Shirt vom Münchner Trendlabel Womom über kunterbunte Kissen vom Londoner Brand Silken Favours bis hin zu Girlpower-Sticker und Kalender von Ban.do aus Los Angeles.

*Eppendorfer Weg 283, Tel.: 040/33 45 09 33, www.shop-hellolove.de, Öffnungszeiten: Mo–Fr 11–19 Uhr, Sa 11–16 Uhr*

ANITA HASS

## Linette

Shopbesitzerin Sue Giers gehört zu den spannendsten Modemenschen Hamburgs. Sie verkauft in ihren beiden Linette-Stores in Eppendorf und Othmarschen High Fashion von Marni, Chloé, Miu Miu, Diane von Fürstenberg und vielen weiteren Designerlabels, die sie persönlich auf den internationalen Fashion Weeks ordert. *Eppendorfer Baum 19; außerdem Waitzstraße 2–4, Tel.: 040/460 49 63, www.linette.de, Öffnungszeiten: Mo–Fr 10–19 Uhr, Sa 10–18 Uhr*

## Little Department Store

Im Little Department Store treffen ausgewählte internationale Labels wie Carven, Vanessa Bruno und Common Project auf Nischen-Brands, Stilbücher und Beautyprodukte von Aesop. *Lehmweg 42, Tel.: 040/18 08 70 65, www.shop.littledepartmentstore-hamburg.de, Öffnungszeiten: Di–Fr 11–18.30 Uhr, Sa 11–17 Uhr*

## Mili

*Top!*

Hinter Mili steckt ein isländisches Mutter-Tochter-Gespann. Das Duo verkauft in stil-

sicherer Atmosphäre Lieblingsstücke von skandinavischen Brands wie Ganni, Wood Wood und Designers Remix, Kreationen von deutschen Labels wie Malaikaraiss und Black Velvet Circus, Schmuck von Jane Kønig und Maria Black, Papeterie von Navucko und Nagellack von Uslu Airlines. Schön! *Klosterallee 110, Tel.: 040/18 05 59 76, www.mili-store.com, Öffnungszeiten: Mo–Fr 11–18 Uhr, Sa 11–17 Uhr*

## Vau

Angesagte Labels treffen bei Vau auf gefragte Trendpieces. Neben Brillen von Ace & Tate sowie Lunettes und Schmuck von Sabrina Dehoff und Elizabeth & James gibt es hier Denim von MiH, Kerzen von Upwined Candles und Beauty von L:A Brucket. Direkt nebenan befindet sich der dazugehörige Concept-Store nttr. *Hegestraße 44, Tel.: 040/41 30 53 60, www.vau-hh.de, Öffnungszeiten: Mo–Fr 11–19 Uhr, Sa 11–17 Uhr*

MILI

## Von Haase

Kleine, feine Boutique mit Brands aus England, Holland, Belgien, Frankreich und Deutschland – ausgewählt von Shopbesitzerin Anu Haase, die zuvor als Kostümbildnerin gearbeitet hat.
*Lehmweg 47, Tel.: 040/43 21 34 38, www.vonhaase.de, Öffnungszeiten: Mo–Fr 11–19 Uhr, Sa 11–16 Uhr*

## INNENSTADT

## Acne Studios

Auch in Hamburg sind die Schweden mit ihrem minimalistischen Stil zu Hause – mit pfirsichfarbenem Teppich, eierschalfarbenen Wänden und großer Fensterfront, direkt am Neuen Wall.
*Neuer Wall 63, Tel.: 040/63 60 75 33, www.acnestudios.com, Öffnungszeiten: Mo–Sa 10–19 Uhr*

## Alsterhaus/Accessories Hall & Contemporary Fashion

Das Alsterhaus ist das bekannteste Warenhaus Hamburgs. Besonders interessant für Fashion-Freunde: die Accessories Hall

APROPOS

im Erdgeschoss mit Labels wie Céline, Saint Laurent und Mansur Gavriel und der „Contemporary Fashion"-Bereich im zweiten Stock. Hier hängen einige Labels, die man sonst in Hamburg kaum findet wie Sandro, Maje, The Kooples und Essentiel Antwerp.
*Jungfernstieg 16–20, Tel.: 040/35 90 12 18, www.alsterhaus.de, Öffnungszeiten: Mo–Sa 10–20 Uhr*

## Animal Tracks

Etwas versteckt, im Souterrain, liegt der Streetwear- & Urban-Fashion-Store Animal Tracks in den hübschen Colonnaden. Eine sehr gute Sneakers-Auswahl trifft auf Labels wie Wood Wood, Libertine-Libertine, Carhartt und Kerbholz.
*Colonnaden 5, Tel.: 040/35 71 87 83, www.animaltracks.de, Öffnungszeiten: Mo–Sa 12–20 Uhr*

## Apropos

„Sex and the City"-Feeling kommt auf, wenn man diesen Concept-Store betritt. In einem traditionell hanseatischen Stilaltbau findet man auf 500 Quadratmetern viele Designerstücke von Céline bis Charlotte Olympia, von Isabel Marant bis Manolo Blahnik.
*Neuer Jungfernstieg 16, Tel.: 040/28 00 87 75-0, www.apropos-store.com, Öffnungszeiten: Mo–Sa 10–19 Uhr*

## Chanel

Ein Chanel-Store darf in Karl Lagerfelds Heimatstadt natürlich nicht fehlen. Direkt auf der Luxuseinkaufsstraße Neuer Wall können die Prêt-à-porter-Kollektionen und -Accessoires geshoppt werden. Die Einrichtung ist von Coco Chanels Apartment in Paris inspiriert. Die tolle Chanel Beauté-Boutique befindet sich in der Mönckebergstraße 7.

CHANEL

*Neuer Wall 75,*
*Tel.: 040/50 03 91 90, www.chanel.com,*
*Öffnungszeiten: Mo–Fr 10–19 Uhr,*
*Sa 10–18 Uhr*

## Closed

Woher die Hamburgerinnen ihre schönen High-Waist-Hosen haben? Von Closed! Das Hamburger Brand ist schon längst über die Stadtgrenzen hinaus bekannt und der schöne und helle Store ist der perfekte Ort, um seine neue Lieblingsjeans zu küren. Weitere Filialen befindet sich in der Bergstraße 11 und beim Eppendorfer Baum 13.
*Poststraße 37, Tel.: 040/32 50 95 97,*
*www.closed.com,*
*Öffnungszeiten: Mo–Sa 10–20 Uhr*

## Petra Teufel

Seit über 25 Jahren gibt es den Store Petra Teufel, der zu den High-Fashion-Instanzen Hamburgs gehört. Balenciaga, Céline, Isabel Marant, Dries van Noten, Alexander Wang und IRO sind nur einige der Brands, die dort an den Stangen hängen.
*Hohe Bleichen 13,*
*außerdem Eppendorfer Landstraße 36,*
*Tel.: 040/378 61 60, www.petrateufel.de,*
*Öffnungszeiten: Mo–Fr 10–19 Uhr,*
*Sa 11–18 Uhr*

## Thomas-i-Punkt

Auf mehreren Stockwerken trifft bei Thomas-i-Punkt Streetwear auf urbane Styles. Im Untergeschoss sind die Sneakers zu Hause, und im dritten Stock warten Brands wie Stutterheim, American Vintage, Comme des Garçons und das hauseigene Label Omen auf neue Trägerinnen. Eine weitere Filiale befindet sich am Gänsemarkt 24.
*Mönckebergstraße 21, Tel.: 040/32 71 72,*
*www.thomasipunkt.de, Öffnungszeiten:*
*Mo–Sa 10–20 Uhr*

## Unger

Unger gehört zu den bekanntesten Multi-Brand-Stores für Luxusmode in Hamburg und hat erst vor ein paar Jahren den 125. Geburtstag gefeiert. Auf 1.000 Quadratmetern gibt es Designerteile von Stella McCartney, Victoria Beckham, Armani, Iris von Arnim, Burberry, Etro und viele mehr.
*Neuer Wall 35, Tel.: 040/600 88 50,*
*www.unger-fashion.com, Öffnungszeiten:*
*Mi–Fr 9–19 Uhr, Sa 10–19 Uhr*

WEITER AUF SEITE 20 →

UZWEI

# Iris von Arnim

## Modedesignerin

*Der Hamburger Stil ist …*
… zurückgenommen, edel und authentisch. Man verändert seine
Werte nicht, nur weil der Wind etwas dreht. Es ist ein Stil, der
never out of fashion ist.

*Wie hat sich die Hamburger Modeszene über die Jahre verändert?*
Hamburg steht eher für Zeitlosigkeit und Understatement.
Qualität spielt eine große Rolle, aber keine schreienden Logos.
Als ich in den Siebzigern nach Hamburg zog, war die Stadt noch
experimenteller: Viele Kreative und verschiedene Nationalitäten,
die aufeinandertrafen. Die Hamburger sind angenehm unaufgeregt
und lassen sich auf Neues ein, geben einem den Raum, mitzu-
machen oder auch nicht, das schätze ich bis heute. Ich mag das
Hanseatische sehr.

*Wo gehen Sie gerne shoppen?*
*Kaufrausch* ist ein wunderbares kleines Eppendorfer Kaufhaus,
in dem man eine bunte Vielfalt an Produkten findet – von lustigen
Wohnaccessoires bis zu edlen Dessous. Eine Shoppingtour in die
Innenstadt lohnt sich allein wegen des Multilabel-Stores *Uzwei*.
Neben coolen Luxuslabels und Kosmetika von Niche Beauty gibt
es auch ein Deli und einen Floristen. Inspirierend ist, dass jede
Woche die neuesten Trends in der Store-Deko aufgegriffen werden.

*Was sind Ihre Lieblingsplätze in der Stadt?*
Ein schöner Aussichtspunkt ist der Altonaer Balkon. Mich beeindruckt immer wieder die 200 Jahre alte Städtearchitektur am Hamburger Hafen. Im Wechselspiel des Alten mit dem Neuen wird die
Hafencity erst spannend.

*Kaufrausch* – Isestraße 74, Eppendorf / *Uzwei* – Große Bleichen 23–27, Innenstadt

## Uzwei

Uzwei nennt sich selbst Editorial Store und ist wie ein modernes Magazin aufgebaut, mit Mode-, Beauty und Schmuck-Departments, einem Flower-Shop und dem Deli, einem Café mit gesunden Snacks. Neben vielen angesagten Fashion-Brands gibt es hier auch Stella McCartneys ersten Shop-in-Shop Deutschlands.

*Kaisergalerie, Große Bleichen 23–27, Tel.: 040/350 17 12-0, www.uzwei.de, Öffnungszeiten: Mo–Sa 10–19 Uhr*

## Urban Outfitters

Die großen orangefarbenen Leuchtbuchstaben im Fenster von Urban Outfitters sind am Gänsemarkt kaum zu übersehen. Auf zwei Stockwerke sind Fashion, Bücher und witziger Kleinkram verteilt, vom Boho-Kleidchen bis zur Lomography-Kamera.

*Gänsemarkt 45, Tel.: 040/32 80 78 84, www.urbanoutfitters.com, Öffnungszeiten: Mo–Sa 10–20 Uhr*

## & Other Stories

Einer der fotogensten Stores in der Hamburger Innenstadt ist & Other Stories am Neuen Wall. Auf zwei Ebenen kann man die Trendteile, Schuhe und Beauty-Kollektionen der Schweden shoppen. Sneakers von Nike und Beauty von L:A Brucket sind auch vertreten. Eine zweiter Shop befindet sich in der Spitalerstraße 28.

*Neuer Wall 20, Tel.: 040/50 03 22 51, www.stories.com, Öffnungszeiten: Mo–Sa 10–20 Uhr*

## KLEIDEREI

Ein Hamburger Projekt, das seinesgleichen sucht und bereits über die Stadtgrenzen hinaus bekannt ist, ist die Kleiderei. Hinter dem Sharing-Projekt stecken Pola Fendel und Thekla Wilkening. Ganz nach dem Motto „Stil hast du, Kleider leihst du" kann man bei den Powerfrauen wie in einer Bibliothek off- und online Kleidung leihen und nach einer Weile ganz einfach retournieren. Neben vielen Vintageteilen sind auch Stücke von Hamburger Labels wie Musswessels, Jan 'n June und Lies in Layers leihbar. *www.kleiderei.com*

# KAROVIERTEL

### Azurer Concept Store

Der Azurer Concept Store wirkt wie eine Galerie in der Mode, Fotografien, Magazine und Lifestyle-Produkte ausgestellt werden. Viele der nationalen und internationalen Brands sind in keinem anderen Hamburger Store zu haben.
*Neuer Kamp 3, Tel.: 040/40 18 86 60, www.azurer.de, Öffnungszeiten: Mo–Sa 11–19 Uhr*

### Bluesleeve

Für Japanfans! Neben Kleidung von Comme des Garçons und Yohji Yamamoto gibt es hier auch Keramik von Michiko Shida und japanische Stoffe für die nächsten DIY-Projekte.
*Marktstraße 100, Tel.: 040/46 63 44 92, www.bluesleeve.de, Öffnungszeiten: Mo–Sa 11–16 Uhr*

### Glore

„Be green in any colour you like" ist das Motto vom Glore Store, dem Hamburger Hotspot für nachhaltige Mode. Mit dabei: Kleidung und Accessoires von Armedangels, Zebratod, Nudie Jeans, Kuyichi, Sneakers von Veja, Kidswear von Minirodini sowie

Beauty von Dr. Bronner und Stop The Water While Using Me.
*Marktstraße 31, Tel.: 040/35 77 76 50, www.glore.de, Öffnungszeiten: Mo–Sa 11–19 Uhr*

### Glory Hole

Hier stehen sie alle – die neuesten Kollaborationen, Limited Editions und Farbausführungen der großen Sneaker-Brands. Im Plexiglasregal teilen sich Turnschuhe von Adidas, Nike, New Balance, Reebok und Puma die Aufmerksamkeit. On top gibt's Rucksäcke von Herschel und Uhren von G-Shock.
*Marktstraße 145, Tel.: 040/31 81 12 22, www.gloryholeshop.com, Öffnungszeiten: Mo–Sa 11–19 Uhr*

### Goldig

Romantisch und detailverliebt geht's im Goldig Shop von Schauspielerin Anna Angelina Wolfers zu. Erschwingliche skandinavische, spanische und englische Labels wie Ichi, Vila und Nümph sind bei ihr zu Hause.
*Marktstraße 143, Tel.: 040/50 03 91 64, www.goldigshop.de, Öffnungszeiten: Mo–Sa 11–19 Uhr*

## Maison Suneve

Maison Suneve ist made in Hamburg und zwar von dem Designerpärchen Katherina Czemper und Matthieu Voirin. Hier trifft nordischer Minimalismus auf überraschende Muster und Tücher mit fotorealistischen Prints.

*Marktstraße 1, Tel.: 0177/671 17 39, www.maison-suneve.com, Öffnungszeiten: Di–Sa 12–19 Uhr*

## OTTENSEN

### Adler Altona

Ob Hipster, Dandy oder Lumberjack – mit einem Mitbringsel aus der Herrenboutique Adler Altona macht man so ziemlich jeden Mann happy. Christian Adler kuratiert seine Auswahl gekonnt: Lederbälle aus New Jersey, Schals aus Berlin, Gin aus Hamburg, Hosen aus Italien und Lederaccessoires aus Dänemark.

*Bei der Reitbahn 3, Tel.: 040/39 90 80 16, www.adler-altona.de, Öffnungszeiten: Mo–Fr 11–19 Uhr, Sa 11–17 Uhr*

### L'Éphémère

Très français sieht es bei L'Éphémère in Ottensen aus. Die Französin Emilie Nowotny verkauft Labels aus ihrem Heimatland. Ganz vorne dabei: das feminine Label Sessùn.

*Bei der Reitbahn 3, Tel.: 040/39 19 08 80, www.lephemere.de, Öffnungszeiten: Mo–Fr 11–19 Uhr, Sa 11–17 Uhr*

## ST. PAULI

### Kleine Freiheit No 1

Die Kleine Freiheit No 1 ist ein Zusammenschluss lokaler Designer Hamburgs, wird als Showroom, Laden und Atelierfläche genutzt und ist immer in Veränderung. Infos zu aktuellen Projekten und Veranstaltungen gibt es auf Facebook: www.facebook.com/Kleine-Freiheit-No-1.

*Kleine Freiheit 1, Tel.: 040/65 04 66 01, www.kleinefreiheit1.de, Öffnungszeiten: Di & Mi 11–17 Uhr, Do & Fr 11–19 Uhr, Sa 12–18 Uhr*

### Musswessels

In dem von außen gekachelten Laden mitten auf St. Pauli schneidert die Designerin Kathrin Musswessels feminine Mode gepaart mit minimalistischen Schnitten und besonderen Prints. Neben ihren eigenen Kollektionen verkauft sie auch ausgewählte Vintagestücke.

*Clemens-Schultz-Straße 29, Tel.: 040/75 60 14 33, www.musswessels.org, Öffnungszeiten: Mo–Fr 12–19 Uhr, Sa 11–18 Uhr*

MUSSWESSELS

BONNIE BLUSH

## MODEBLOGS AUS HAMBURG

Um immer auf dem Laufenden zu bleiben, was nicht nur Hamburger, sondern auch internationale Modetrends angeht, hilft ein Blick auf folgende Blogs:

*STYLESHIVER*
*www.styleshiver.com*

*DIE KONSUMENTIN*
*www.diekonsumentin.com*

*VICKY WANKA*
*www.vickywanka.com*

*AYLIN KÖNIG*
*www.aylinkoenig.com*

*I ♥PONYS MAGAZINE*
*www.iloveponysmag.com*

EDITED

Auch das Store-Design ist mit rosafarbener Wand und Rattansesseln sehr instagrammable!
*Schanzenstraße 34, Tel.: 040/39 10 60 18, www.bonnie-blush.de, Öffnungszeiten: Mo–Fr 11–19 Uhr, Sa 11–18 Uhr*

### Edited
Direkt bei der S-Bahn-Station Sternschanze hat Edited seinen ersten Flagship-Store in Deutschland eröffnet. Weißer Boden, rosafarbene Tische und Kakteen – perfekt für Instagram-Schnappschüsse. Neben dem hauseigenen Label gibt es Mode von lokalen und skandinavischen Labels.
*Schanzenstraße 97, Tel.: 040/34 37 41, www.edited.de, Öffnungszeiten: Mo–Sa 11–20 Uhr*

### Vater & Sohn
Auf Geschenkesuche für den Freund, Mann, Sohn oder Papa? Dann ist Vater & Sohn eine von Hamburgs Topadressen. Hochwertige, traditionell gefertigte Produkte, von der Ledergeldbörse bis zum Rasierwasser, sind im Store mit rustikalem Interieur zu haben.
*Paul-Roosen-Straße 7, Tel.: 040/30 22 52 66, www.vaterundsohn-hamburg.com, Öffnungszeiten: Mo–Fr 12–19 Uhr, Sa 11–18 Uhr*

### Frida
Nicht nur die vielen kupferfarbenen Lampen fallen beim Betreten des Stores auf, sondern auch die schöne Auswahl skandinavischer Labels wie Gestuz, Just Female und Emma Go und die vielen Taschen von Liebeskind Berlin. Ein ähnliches Konzept hat der Schwester-Store „Fräuleinwunder" (Susannenstraße 13).
*Schanzenstraße 85, Tel.: 040/76 90 55 33, www.facebook.com/frida.hamburg, Öffnungszeiten: Mo–Sa 11–20 Uhr*

## STERNSCHANZE

### Bonnie Blush
Pastellfarbene Kleider für Brautjungfern und Hochzeitsgäste oder das kleine Schwarze für die nächste Party – moderne Abendmode gibt es bei Bonnie Blush.

WEITER AUF SEITE 26 →

# Charlotte Kraska

Einkäuferin & Head of E-Commerce

*Was kaufen die Hamburgerinnen bei Anita Hass am liebsten?*
Klassiker und moderne Basics, gerne mit einem skandinavischen oder französischen Touch. Die Farbpalette ist eher zart und nordisch, und Hamburger lieben Fashionteile, die perfekt für die Übergangszeit sind: leichte Mäntel aus Kaschmir, stylische Schals und Stiefeletten.

*Wie würden Sie den Hamburger Stil beschreiben?*
Die Hamburger orientieren sich nicht nur an Trends, sondern haben ihren ganz eigenen Sinn für Mode – unangestrengt easy, mit einer gewissen Attitüde, aber dabei unkompliziert chic.

*Was ist Ihr Lieblingsviertel in Hamburg?*
St. Pauli für Food & Drinks und das Treppenviertel fürs Kurzurlaub-Feeling.

*Wo gehen Sie am liebsten für die Wohnung shoppen?*
In meiner Eppendorfer Nachbarschaft sind tolle Interiorshops. Ich liebe *Decorazioni* und für Second-Hand-Teile *Das 7. Zimmer* in der Hegestraße. In Eimsbüttel mag ich besonders *Weide* und *Lys Vintage*, in der Schanze zählt *LUV* zu meinen Lieblingen.

*Und wo entspannen Sie am liebsten?*
Es gibt drei Orte: auf meinem Balkon, an der Elbe und im Auto auf dem Weg nach St. Peter-Ording.

---

*Anita Hass* – Eppendorfer Landstraße 60, Eppendorf / *Decorazioni* – Hegestraße 4, Eppendorf / *Das 7. Zimmer* – Hegestraße 7, Eppendorf / *Weide* – Weidenallee 23, Eimsbüttel / *Lys Vintage* – Eppendorfer Weg 8, Eimsbüttel / *LUV* – Lagerstraße 26, Sternschanze

## Inferno Ragazzi

Welcome to California! Im neuen Store Inferno Ragazzi mit pinkfarbener Außenfassade verkaufen Surfer-Jungs nach eigener Aussage „Fashion, Lifestyle & Good Vibes" – von der pastellfarbenen Bauchtasche bis zum Hoodie mit Logo-Print. *Juliusstraße 36, www.infernoragazzi.com, Öffnungszeiten variieren*

## Kauf dich glücklich

Die große Fensterfront und die verwinkelte Altbauwohnung mit weißen Dielen laden zum Stöbern ein. Mode, Beauty, Wohnaccessoires, Krimskrams und

Coffee Table Books warten auf neue Besitzerinnen. Das Outlet befindet sich nur ein paar Schritte entfernt in der Bartelsstraße 55, ein weiterer Store liegt auf dem Schulterblatt 1. *Susannenstraße 4, Tel.: 040/49 22 22 21, www.kaufdichgluecklich-shop.de, Öffnungszeiten: Mo–Sa 11–20 Uhr*

## Mojo

Für alle Streetwear- und Snowboard-Girls: Das Label Mojo verkauft T-Shirts, Hoodies und Caps, die mit Pinsel und Schablone von Hand bemalt werden. Alles auf ökologischer Basis und fairtrade produziert!

---

## *MODEDESIGNER AUS HAMBURG*

Diese sieben Mode-, Accessoire- und Schmuckdesigner sollte man auf dem Radar haben:

*ALESYA ORLÓVA www.alesyaorlova.com*
*BLACK VELVET CIRCUS www.atblackvelvetcircus.tumblr.com*
*BRIDGE & TUNNEL www.bridgeandtunnel.de*
*MYMARINI www.mymarini.com*
*NINA KASTENS www.ninakastens.com*
*STIEBICH & RIETH www.stiebich-rieth.com*
*XENIA BOUS www.xeniabous.com*

BLACK VELVET CIRCUS

XENIA BOUS

Kampstraße 11, Tel.: 040/18 16 05 63,
www.mojo-snowboarding.de,
Öffnungszeiten: Di–Sa 12–19 Uhr

## Mono Concept Store

In dem hübschen Store gibt es Mode aus
Skandinavien, Holland und Amerika
(z.B. Selected Femme und Scotch & Soda),
Schmuck und Accessoires von lokalen
Designern und ausgewählte Bücher –
auch für Männer! Ein paar Schritte entfernt
liegt der dazugehörige Store „The Mono
Room" (Schulterblatt 21) – die perfekte
Anlaufstelle für die Boys!
Rosenhofstraße 5, Tel.: 040/76 99 31 01,
www.mono-concept.com, Öffnungszeiten:
Mo–Fr 11.30–19.30 Uhr,
Sa 11.30–18.30 Uhr

## Wie es Euch gefällt

Schon der Name klingt vielversprechend.
Coole Lederrucksäcke von MyMy
Copenhagen, Schmuck von By Boe,
Hüte von Becksöndergaard und Mode
von Twist & Tango zieren den liebevoll
dekorierten Laden.
Juliusstraße 16, Tel.: 040/51 90 99 77,
www.wieseuchgefaellt.blogspot.de,
Öffnungszeiten: Mo–Fr 11–19 Uhr,
Sa 11–17 Uhr

# Brillen

## EPPENDORF

### VIU Flagship-Store

*Top!*

Entworfen in Zürich, hergestellt in einer
Traditionsmanufaktur in Italien – das ist
das Brillenlabel VIU. Allein das Store-
Design macht Lust, auf Entdeckungstour
zu gehen! Ein weiterer Store befindet sich
in der Poststraße 25 im Hanseviertel.
Eppendorfer Baum 14,
Tel.: 040/87 40 83 00, www.shopviu.com,
Öffnungszeiten: Mo–Fr 10–19 Uhr,
Sa 10–18 Uhr

## INNENSTADT

### Habrima

Brillen made in Hamburg gibt es in
der hanseatischen Brillenmanufaktur
Habrima, direkt an der Binnenalster
gelegen. Inhaber Nikolai Bender designt
und fertigt individuelle Brillen aus
feinsten Materialien.
Ballindamm 17, Tel.: 040/18 98 18 86,
www.habrima.com,
Öffnungszeiten: Mo–Fr: 11–18 Uhr,
Sa: nach Vereinbarung

VIU FLAGSHIPSTORE

## OTTENSEN

### Neonbox

In den neonfarbenen Regalen findet man vor allem die neuesten Brillenmodelle von spannenden Independent-Labels aus Europa, bei denen Nachhaltigkeit eine wichtige Rolle spielt. Dazu gesellen sich auch größere Brands wie Tom Ford und Paul Frank.

*Ottenser Hauptstraße 63,*
*Tel.: 040/52 59 03 19,*
*www.neonbox-optics.de, Öffnungszeiten:*
*Mo–Fr 11–20 Uhr, Sa 10–18 Uhr*

## STERNSCHANZE

### GlasSaal

Wer auf der Suche nach einer der begehrten Céline-Sonnenbrillen ist, wird hier fündig! In dem hübschen Store mit Stuck und hohen Decken gibt es außerdem viele weitere Designerbrillen zu entdecken.

*Schulterblatt 64, Tel.: 040/79 69 42 32,*
*www.glassaal.de, Öffnungszeiten:*
*Mo–Fr 11–19 Uhr, Sa 11–18 Uhr*

### Six Million Glasses

In entspannter Wohnzimmer-Atmosphäre und hübschem Retrodesign präsentiert sich Six Million Glasses auf dem Schulterblatt. Neben Modellen von Ray Ban, Paul Smith und Mykita gibt es auch Modelle aus vergangenen Jahrzehnten.

*Schulterblatt 3, Tel.: 040/413 04 74-0,*
*www.sixmillionglasses.de, Öffnungszeiten:*
*Mo–Fr 11–20 Uhr, Sa 11–18 Uhr*

## *Schmuck*

## GRINDELVIERTEL

**Top!**

### Nina Kastens Atelier

Nina Kastens gehört zu den erfolgreichsten Jung-Schmuckdesignerinnen Deutschlands und begeistert mit ihren zeitgemäßen Designs nicht nur nationale und internationale Magazine, sondern auch die Kundschaft im hohen Norden.

*Bornstraße 22, Tel.: 040/22 60 41 71,*
*www.ninakastens.com,*
*Öffnungszeiten: Mo–Fr 11–18 Uhr,*
*Sa 11–15 Uhr*

## NEUSTADT

### Jonathan Johnson Atelier

Unter dem Namen Jonathan Johnson kreiert der Hamburger Designer Oliver Pfeiffer seine prunkvollen und auch mal provokativen Schmuckstücke, inspiriert von der Reeperbahn bis Chicago. Er produziert in Hamburg und nutzt ausschließlich recyceltes Gold und Sterlingsilber aus Deutschland.

*Poolstraße 11, Tel.: 040/40 16 31 13,*
*www.jonathanjohnson.de,*
*Öffnungszeiten: Mo–Sa 13–18 Uhr*

## STERNSCHANZE

### Bleu

Hat man erst mal das blau umrahmte Schaufenster von Bleu entdeckt, kommt man nicht so schnell daran vorbei. Hier hängen Ketten, Armbänder und Ringe vor allem von französischen und skandinavischen Labels wie Sophie by Sophie, Vanrycke, Stine A und Pernille Corydon.

*Schanzenstraße 41,*
*Tel.: 040/50 71 97 60,*
*www.bleu-hamburg.de, Öffnungszeiten:*
*Mo–Fr 11–19 Uhr, Sa 11–16 Uhr*

JONATHAN JOHNSON ATELIER

### Jewelberry

Shoppen im Birkenwald – das geht bei Jewelberry! Im Store von Stylistin Lily Sielaff und Designerin Coco Turtureanu hängen an Ästen romantisch angehauchte Schmuckstücke wie Ketten mit Libellen-Anhängern, Armbänder mit „Love"-Tags und goldene Ringe mit Miniknoten.
*Juliusstraße 33, Tel.: 040/40 18 63 86, www.jewelberry.de, Öffnungszeiten: Mo–Fr 12–19 Uhr, Sa 12–18 Uhr*

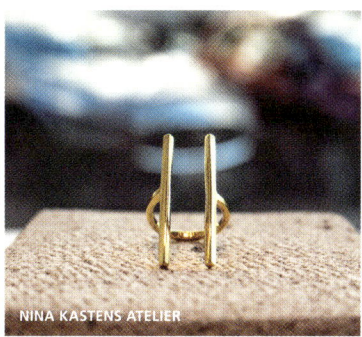

NINA KASTENS ATELIER

## *Vintage*

### INNENSTADT

### Secondella

*Top!*

Secondella hat sie alle – die Designer-stücke aus vergangenen Jahrzehnten. Prada, Jil Sander, Chloé, Chanel, Miu Miu – die Liste ist endlos und das Sortiment gleich auf zwei nebeneinanderliegende Stores verteilt. Happy Luxus-Vintage-Shopping!
*Hohe Bleichen 5, Tel.: 040/35 29 31, www.secondella.de, Öffnungszeiten: Mo–Fr 10–19 Uhr, Sa 10–18 Uhr*

### Vintage & Rags

Ein Besuch bei Vintage & Rags ist ein Erlebnis – nicht nur an den Ständern hängen Vintagestücke, auch die Wände sind mit Postern, Fotos, Kleidung und Platten aus vergangenen Jahrzehnten gepflastert.
*Kurze Mühren 6, Tel.: 040/33 01 07, www.vintage-rags.de, Öffnungszeiten: Mo–Fr 11–20 Uhr, Sa 10–20 Uhr*

### ST. PAULI

### Hip Cats

Shopbesitzerin Romana Burgemeister zählt mit Sicherheit zu Hamburgs größten Vintagefans – in ihrem liebevoll vollgestopften Laden findet man vor allem Originale aus den Fünfziger-, Sechziger- und Siebzigerjahren.
*Paul-Roosen-Straße 16, Tel.: 0170/746 01 42, www.hip-cats.de, Öffnungszeiten: Mo–Sa 15–20 Uhr*

### Pick & Weight Kilo Store

„Einmal auf die Waage, bitte!" – das hört man bei Pick & Weight spätestens an der Kasse. Denn hier zahlt man die ausgewähl-ten Vintageteile nach Kilopreisen.
*Beim Grünen Jäger 16, Tel.: 040/43 19 33 34, www.picknweight.de, Öffnungszeiten: Mo–Sa 11–20 Uhr*

## *Wäsche*

### INNENSTADT

### Eres

Luxus für unten drunter: Das französische Label Eres stellt seit über 40 Jahren elegante Bademode her und seit Ende der Neunziger auch Lingerie. High-Tech-Stoffe treffen hier auf hochwertige Spitze, moderne Schnitte und angesagte Farb-kompositionen.
*Neuer Wall 73/75, Tel.: 040/43 21 86 05, www.eresparis.com, Öffnungszeiten: Mo–Fr 10–19 Uhr, Sa 10–18 Uhr*

# Sue Giers

—

Store-Inhaberin von *Linette* und
Gründerin vom Blog SoSue

—

*Welches Kleidungsstück sollte man als Hamburgerin oder
Hamburg-Fan unbedingt besitzen?*
Eine dunkelblaue Cabanjacke.

*Wo gehen Sie in Hamburg am liebsten shoppen?*
Für die Wohnung gehe ich am liebsten bei *Der neue Beckmann* und
bei *Metamorphose* shoppen. Bücher kaufe ich gerne bei *Heymann* in
Eppendorf, weil die Mitarbeiter alle echte Leseratten sind und tolle
Empfehlungen aussprechen. Außerdem kommen großartige Autoren
zu Lesungen, und die Kinderbuchabteilung ist unschlagbar.

*Ihre Lieblingsrestaurants und -cafés?*
Das *Petit Café* ist herrlich oldschool und in dieser modernen Green-
Smoothie- und Clean-Food-Welt ein Anker der Gemütlichkeit.
Jeder Tisch ist liebevoll mit Omis Porzellan eingedeckt, und der
Pflaumen-Blechkuchen macht süchtig. Im *Elbgold* in der Schanze
gibt es den besten Kaffee der Stadt. Dazu esse ich am liebsten
ein lauwarmes Landbaguette mit Pecorino und danach einen
Cheesecake mit Erdbeermousse.

*Die besten Spots für die ganze Familie?*
Der Hafen und der Elbstrand, das *Miniaturwunderland,* die
Eisbahn im *Planten un Blomen,* Minigolf oder Schnitzeljagd im
Stadtpark, ein Fußballspiel im *Millerntor-Stadion* und eine
Pfannkuchen-Schlacht im *Mutterland.*

*Was sind Ihre kulturellen Highlights in Hamburg?*
Die „Lead Awards" in den *Deichtorhallen,* die *Affordable Art Fair,*
„Der Nussknacker" in der *Staatsoper,* ein Besuch in der
*Elbphilharmonie,* das „*Weihnachtsoratorium" im Michel* und das
*Filmfest Hamburg.*

*Linette* – Eppendorfer Baum 19, Eppendorf & Waitzstraße 2–4, Othmarschen / *Der neue Beckmann* – Klosterstern 4, Harvestehude / *Metamorphose* – Hegestraße 54, Eppendorf / *Heymann Bücher* – Eppendorfer Baum 27, Eppendorf / *Petit Café* – Hegestraße 29, Eppendorf / *Elbgold* – Lagerstraße 34c, Sternschanze / *Miniaturwunderland* – Kehrwieder 2–4/Block D, Speicherstadt / *INDOO Eisarena* – Holstenwall 30, Neustadt / *Millerntor-Stadion* – Harald-Stender-Platz 1, St. Pauli / *Mutterland* – Ernst-Merck-Straße 9, St. Georg / *Deichtorhallen* – Deichtorstraße 1, Altstadt / *Affordable Art Fair* – www.affordableartfair.com / *Hamburger Staatsoper* – Große Theaterstraße 25, Innenstadt / *Elbphilharmonie* – Platz der Deutschen Einheit 1, Hafencity / *„Weihnachtsoratorium" im Michel* – Englische Planke 1, Neustadt / *Filmfest Hamburg* – www.filmfesthamburg.de

# Architektur, Interiors Design

NORDISCH BY NATURE.
DIE GEOGRAFISCHE NÄHE DER STADT ZU
SKANDINAVIEN ZIEHT SICH AUCH DURCH
LIEBEVOLL GESTALTETE EINRICHTUNGS-
GESCHÄFTE, DIE SHOPS LOKALER DESIGNER
UND DAS ANGEBOT INNOVATIVER
CONCEPT-STORES.

WENN MAN HAMBURGS Concept-Stores und Einrichtungsläden besucht, wird schnell klar: Weit ist es nicht bis Schweden und Dänemark. Keine andere Stadt in Deutschland beherbergt so viele Läden mit skandinavischem Fokus. Kein Wunder, denn die Hanseaten ziehen den Purismus oft dem Prunk vor. Und auch ein Blick in die Wohnungen der Kreativen verrät: Ein gemütlicher, aber nicht überladener nordischer Stil trifft hier oft auf Designklassiker und Vintagemöbel.

Eine Shoppingtour lohnt sich in den Vierteln fernab der Innenstadt. Als Skandinavien-Fan sollte man unbedingt halt bei *Minimarkt* und *Lys Vintage* machen. Im immer liebevoll dekorierten Minimarkt in der Sternschanze verkauft Xenia Alt Wohnaccessoires, von der Vase von House Doctor bis zum Kerzenständer von By Lassen, hinzu gesellen sich Parfums von Comme des Garçons und Accessoires fürs Kinderzimmer. Lys Vintage in Eimsbüttel verteilt sich auf zwei große nebeneinanderliegende Ladenflächen und legt den Fokus stärker auf Möbel – neben Sesseln, Lampen und Regalen von Hay, Gubi, und String gibt es hier auch viele kleine Schönmacher für die Wohnung. Hochwertige Designklassiker von Alvar Aalto, Vitra und Konsorten findet man zum Beispiel bei Plyground in Ottensen oder bei Wohnkultur 66 in der Sternschanze. Tolle Stücke aus vergangenen Jahrzehnten kann man in der *Vintage Gallery* im Karoviertel und im *The Vintage* Store in Eppendorf kaufen.

Wer mit der nordischen Zurückhaltung im Design weniger anfangen kann, sollte unbedingt bei *Bon Voyage* in Eppendorf vorbeischauen – hier verkauft die ehemalige Wohnredakteurin Janina Krinke Textilien, Keramik, Papeterie und Möbel französischer Marken, die für Urlaubsgefühle in den eigenen Wänden sorgen. Eine weitere Anlaufstelle ist Richard in der Neustadt – beim ehemaligen Interior-Stylisten treffen Rattan-Sessel auf Porzellanfiguren und dunkelblaue Wände. Generell empfiehlt es sich, rund um den Großneumarkt auf Entdeckungstour zu gehen – hier befinden sich nicht nur Perle, einer der tollsten Concept-Stores des Nordens und der gehypte Pflanzen-Store *Winkel van Sinkel*, sondern auch viele spannende Galerien und Cafés.

Die lokale Interior-Szene hat ebenfalls einiges zu bieten. Eine klare Formensprache spielt auch hier eine tragende Rolle und der Einsatz von Farbakzenten und nachhaltigen Materialien sind wesentliche Merkmale. Das bekannte *Studio Besau-Marguerre* spielt mit kräftigen, aber nie aufdringlichen Farben, das Keramik-Label We are Studio kombiniert alte Handwerkskunst mit Einflüssen aus der Mode und der

Bildenden Kunst und die Labels 10 Knoten und Hafenholz bauen neue Möbel, aus Holz, das sonst keine Verwendung mehr findet. So ist zum Beispiel auch der Tresen der Bar Berglund in Winterhude entstanden. Wohnaccessoires von Jungdesignern gibt es in der B-Lage. Das Besondere: Monatlich wird das Sortiment von Gründerin und Designerin Vanessa Janneck neu kuratiert.

Eine Messe, die man sich als Designfan auf keinen Fall entgehen lassen sollte, ist die *Blickfang,* die einmal jährlich in den Deichtorhallen stattfindet. Die Entwürfe von Hamburger, aber auch internationalen Designern können vor Ort direkt erstanden werden. Ebenfalls zu festen Instanzen für DIY und Design sind der *Hello Handmade*-Markt und *Holy Shit Shopping* in der Vorweihnachtszeit geworden. Ein anderer Treffpunkt für Designinteressierte ist der noch junge *Designxport* in den Elbarkaden in der Hafencity. Die Betreiber der Präsentationsplattform verstehen sich selbst als Botschafter der Designmetropole Hamburg. Im Erdgeschoss finden wechselnde Ausstellungen statt. Im XShop wird Hamburger Design verkauft und in der Ideenküche werden lokale Speisen serviert.

Auch das Herumstöbern auf Flohmärkten macht am Wochenende Spaß. Der Alltime-Favorit der Generation Y ist die *Flohschanze,* auch Schanzenflohmarkt genannt, die jeden Samstag stattfindet, bis zum Nachmittag herrscht hier Trubel. Besonders gute Schnäppchen kann man beim Turmweg- und Lehmweg-Flohmarkt ergattern, dort bietet die Hamburger High Society ihre Designerstücke feil. Wer Trendlabels aus zweiter Hand kaufen möchte, ist beim *Mädelsflohmarkt,* der mehrmals im Jahr in- und outdoor stattfindet, an der richtigen Adresse. Zwar muss man sich in Geduld üben, wenn die Schlange mal wieder ein paar hundert Meter lang ist, dafür wird man bei so viel geballter Girlpower fast immer fündig.

Hamburgs Designszene pulsiert und inspiriert. Grund genug durch die Stores zu streifen und sich selbst von der Weltoffenheit der Designer und Ladenbesitzer zu überzeugen. — KATHARINA CHARPIAN

# INTERIOR- & CONCEPT-STORES

## ALTONA

### BoConcept

Shoppen am Hafen – das geht am besten bei BoConcept am Fischmarkt. Neben Designermöbeln gibt es beim dänischen Möbelhersteller auf 1000 Quadratmetern auch Wohnaccessoires, von moderner Keramik bis zum Marmorkerzenständer.
*Große Elbstraße 39, Tel.: 040/38 08 76-0, www.boconcept.com, Öffnungszeiten: Mo–Fr 10–19 Uhr, Sa 10–18 Uhr*

HELLO HOME

### Hello Home

Nicht nur das Schild ist knallpink, auch im Store geht es farbig zu. Schönes Design zu annehmbaren Preisen wollen die beiden Besitzer bieten. Der Schwerpunkt liegt dabei auf skandinavischen Labels (z.B. Ferm Living und House Doctor), aber auch Produkte aus Frankreich, Spanien und Italien füllen die Regale.
*Große Elbstraße 56–60, Tel.: 040/73 08 75 70, www.hellohome.de, Öffnungszeiten: Mo–Sa 11–19 Uhr, So 12–16 Uhr (So. kein Verkauf)*

### IKEA

Der erste City-IKEA Deutschlands befindet sich mitten in der Fußgängerzone von Altona. Ob für ein Wohnaccessoire oder den obligatorischen Hotdog – ein Zwischenstopp beim Schweden lohnt sich bekanntlich immer.
*Lawaetzweg 7, Tel.: 06192/93 99 99-9, www.ikea.com, Öffnungszeiten: Mo–Sa 10–20 Uhr*

### Stilwerk

Direkt am Hamburger Hafen liegt das Stilwerk in einem der letzten Industriedenkmäler der Stadt, einer umgebauten Malzfabrik. 28 Stores und rund 400 Marken haben auf 11.000 Quadratmetern Platz. Mit dabei sind Shops von Gubi, Normann Copenhagen, Kartell und Fashion for Home. Im Erdgeschoss kann man sich im Bistro Vincenzo mit Kaffee und Panini stärken. Regelmäßige Pop-up-Stores und Events runden das Konzept ab.
*Große Elbstraße 68, Tel.: 040/30 62 11 00, www.stilwerk.de, Öffnungszeiten: Mo–Fr 10–19 Uhr, Sa 10–18 Uhr (Sonntag geschlossen!)*

## CITY NORD

### Die Wäscherei

Von bunt bis boho – das Möbelhaus Wäscherei deckt so ziemlich jeden Wohnstil ab. Auf 8000 Quadratmetern können Möbel und Deko geshoppt werden, die Dachterrasse und das Restaurant Pur laden zum Relaxen ein.
*Mexikoring 27–29, Tel.: 040/27 15 07-0, www.die-waescherei.de, Öffnungszeiten: Mo–Sa 10–20 Uhr*

STILWERK

INK + OLIVE & ANICCA

## Die Pampi

Pastellfarbene Blusen, Planthanger und
Party-Accessoires – der Concept-Store Die
Pampi führt Mode-, Beauty und Living-
Trendlabels aus Skandinavien, Holland und
UK. Langweilig wird es hier nie!
*Osterstraße 148 & Heußweg 37a,
Tel.: 040/43 09 90 21 & 040/89 72 69 98,
www. diepampi.de, Öffnungszeiten:
Mo–Fr 10–19 Uhr, Sa 10–19 Uhr*

## Frau Hansen

„Wo die schönen Dinge wohnen" heißt der
Claim von Frau Hansen – das unterschrei-
ben wir gerne. Hier treffen skandinavische
Wohnaccessoires von Ferm Living und
Bloomingville auf hübsche Regenmäntel
von Stutterheim und pastellfarbene Blusen
von Stine Goya.
*Osterstraße 170, Tel.: 040/38 65 72 62,
www.frau-hansen.de, Öffnungszeiten:
Mo–Sa 10–19 Uhr*

## INK + OLIVE & Anicca  **Top!**

Wenn sich zwei zusammen tun, kann nur
Gutes entstehen! In dem neuen Concept-
Store verkauft Alexandra Dohrmann unter
dem Namen INK + OLIVE liebevoll ausgesuchte Wohnaccessoires und Papeterie von
kleinen Labels aus der ganzen Welt. Das
Sortiment wird ergänzt von handgemachten
Mode- und Living-Produkten vom
Label Anicca. Wer #interiorinspo sucht,
wird hier definitiv fündig!
*Weidenallee 6, Tel. 040/22 86 82 49,
www.inkandolive.com und
www.facebook.com/helloanicca, Öffnungszeiten: Di–Fr 12–19 Uhr, Sa 12–16 Uhr*

## Kleiner Kaktus

Kakteen-Lover aufgepasst! Andrea widmet
den stacheligen Wüstenbewohnern einen
ganzen Laden. Wer keinen grünen Daumen

hat, findet hier auch Papeterie und Design
mit Kaktusmotiven.
*Lindenallee 48, www.kleinerkaktus.de,
Öffnungszeiten: Di–Fr 11–19 Uhr,
Sa 11–16 Uhr*

## Liv

Liv ist dänisch und heißt übersetzt Leben.
Sehr passend, denn alles, was man für ein
„smukes" Leben im skandinavischen Stil
braucht, findet man in den beiden Filialen
des feinen Concept-Stores – von der Geburts-
tagskarte bis zum Schneebesen, vom Draht-
korb bis zum Cardigan. Tolles Souvenir für
Eimsbüttel-Fans: die Eimsbullerbü-Kerze!
*Eppendorfer Weg 174 & Lutterothstraße 8,
Tel.: 040/32 53 34 95,
www.livhamburg.de, Öffnungszeiten:
Mo–Fr 11–19 Uhr, Sa 11–18 Uhr*

## Lys Vintage  **Top!**

Eine der Topadressen für Skandinavien-
Liebhaberinnen heißt Lys Vintage und hält
für jeden Raum das passende Finish parat:
Office-Begleiter von Hay, Buchstaben-
Keramik von Arne Jacobsen, Kissen von
Ferm Living, Lampen von Gubi, Regale von
String … – die Haben-wollen-Liste ist
nahezu unendlich.
*Eppendorfer Weg 8, Tel.: 040/69 66 27 95,
www.lys-vintage.com, Öffnungszeiten:
Di–Fr 11–19 Uhr, Sa 11–18 Uhr*

## Morgenthau

Schon das Schaufenstergucken wird zum Erlebnis. Bei Morgenthau stehen Kristall-lampen neben Flamingo-Gemälden und Rattanmöbel neben Retroprints. Inhaberin Nicole Vietense, die auch Wohnberatung anbietet, legt sich auf keinen Stil fest, sondern verkauft das, was ihr gefällt. Gut so!

*Weidenallee 4, Tel.: 040/38 65 79 01, www.morgenthau.de, Öffnungszeiten: Di–Fr 11–19 Uhr, Sa 11–16 Uhr*

## Weide

Altes mit Neuem kombinieren – das ist das Aushängeschild vom Weide Store. Hier treffen Sammlerstücke vom Trödler auf

Design-Pieces von Jonathan Adler und die begehrten Mustertapeten von Cole & Son – unbedingt auf Entdeckungstour in den vielen Räumen gehen! Besonderes Goodie: In der hauseigenen Werkstatt kann man sich einen Lampenschirm nach eigenen Wünschen anfertigen lassen.

*Weidenallee 23, Tel.: 040/28 78 12 27, www.weide-hamburg.de, Öffnungszeiten: Di–Fr 11–19 Uhr, Sa 11–16 Uhr*

## EPPENDORF

### Bon Voyage Interieur

*Top!*

Die ehemalige Living-Redakteurin Janina Krinke hat ein Faible für Paris und die

---

## HAMBURGER INTERIOR- UND PRODUKTDESIGNER

Purismus trifft auf Farbakzente, Nachhaltiges auf Handgemachtes – diese Hamburger Interior- und Produktdesigner sollte man auf dem Radar haben:

*STUDIO BESAU-MARGUERRE www.besau-marguerre.de*
*PLIET www.pliet.com*
*VIKTOR FOXTROT www.victorfoxtrot.de*
*ORIGINOL www.originol.de*
*SANDRA SCHOLLMEYER www.sandraschollmeyer.de*
*MILIA SEYPPEL www.miliaseyppel.com*
*HAFENHOLZ www.hafenholz.de*

PLIET

MILIA SEYPPEL

Französische Riviera – diese Passion sieht man ihrer Interior- und Lifestyle-Boutique Bon Voyage an: Hier trifft unter anderem französische Keramik auf Sessel mit Messingdetails und wunderschöne Duftkerzen, die nach Pariser Stadtteilen benannt sind. Bestes Souvenir: ein T-Shirt oder Sweater aus der hauseigenen Kollektion.
*Lehmweg 32, Tel.: 040/22 60 54 53, www.bonvoyageinterieur.com, Öffnungszeiten: Mo 14–19 Uhr, Di–Fr 11–19 Uhr, Sa 11–18 Uhr*

BON VOYAGE INTERIEUR

### Das 7. Zimmer

Das 7. Zimmer zählt zu den Lieblingsspots der Hamburger Interior-Stylisten. Hier gibt's liebevoll ausgesuchte Antiquitäten, vom Silberbesteck bis zum Schaukelpferd. Unbedingt auch auf der anderen Straßenseite den Heuboden der alten Brotfabrik besuchen und auf Schatzsuche gehen!
*Hegestraße 7, Tel.: 0172/42 72 20, www.das7tezimmer.de, Öffnungszeiten: Mo 13–19 Uhr, Di–Fr 11–18.30 Uhr, Sa 11–16 Uhr*

### Decorazioni

Inhaberin Christin Schmidt hat einen Traumjob – sie richtet Luxuswohnungen und -häuser von fremden Menschen ein. Das Tolle: Die Hamburgerin hat auch einen Store, in dem sie ebenfalls ihre Liebe zum Interior und zu hochwertigen Wohnobjekten, von Montana bis Missoni, auslebt.
*Hegestraße 4, Tel.: 040/46 85 86 36, www.decorazioni.de, Öffnungszeiten: Di–Fr 11–18 Uhr, Sa 11–16 Uhr*

### Nordlys

Schon der Name und die Flagge am Eingang verraten es: Hier geht's romantisch-skandinavisch zu. Landhausgeschirr vom dänischen Label Green Gate ist hier neben Teppichen von Ib Laursen und Deko von

Jeanne D'Arc Living zu sehen. Im hauseigenen Café gibt es ofenfrische Zimtschnecken und Lakritzkugeln aus Dänemark!
*Goernestraße 4, Tel.: 040/87 97 30 95, www.nordlys-eppendorf.de, Öffnungszeiten: Di–Fr 11–19 Uhr, Sa 11–18 Uhr*

### Riceteria by Rice

Einhörner und Diskokugeln hängen von der Decke, kunterbunte Küchenaccessoires stehen in den Regalen und der Kaffee wird mit Kussmund-Topping serviert – willkommen in der Riceteria, ein Mix aus Interior-Shop und Café.
*Eppendorfer Landstraße 144, Tel.: 0151/14 80 22 22, www.riceteriabyrice.com, Öffnungszeiten: Mo–Fr 10–19 Uhr, Sa 10–18 Uhr*

### Roomservice

Upcycling de luxe findet in diesem kleinen Shop statt. Die Interior-Designerin Julia Thesenfitz und Architekt Christian Wedekind hauchen ausgedienten Alltagsgegenständen neues Leben ein und bieten individuelle Deko und hochwertige Möbel für die Wohnung.
*Lehmweg 56, Tel.: 040/480 86 72, www.roomservice-gallery.com, Öffnungszeiten: Do & Fr 11–19 Uhr, Sa 11–14 Uhr*

WEITER AUF SEITE 44 ➔

# Ini Neumann

—

Illustratorin & Keramikerin
*(We are Studio Studio)*

—

*Wie sähe Hamburg als Illustration aus?*
Mir kommen als Erstes Möwen in den Kopf. Ein wildes Herum-
geflatter weißer Möwen und ein nordischer rosa-blauer Himmel.

*Wo gehen Sie in Hamburg am liebsten für die Wohnung
shoppen?*
Bei *Lys Vintage* – ich mag die Kombination aus Vintagemöbeln
und neuen Designermöbeln. Simone hat ein gutes Händchen, und
die Atmosphäre in dem Laden stimmt einfach.

*Verraten Sie uns Ihr Lieblingsviertel mit Ihren drei Lieblingsspots.*
Ich habe kein bestimmtes Lieblingsviertel. Ich wohne gerne im
Grindelviertel und liebe den Blumenladen *Blumen Lund*
im Grindelhof. Essen gehe ich zurzeit am liebsten im *Bistro
Carmagnole* in der Juliustraße in der Schanze. Mein Freund
wohnt in Altona, daher bin ich auch sehr oft in dem Viertel –
dort muss man auf jeden Fall im neuen Restaurant *HEAT* in der
Harkortstraße vorbeischauen.

*Sie tragen viele Tattoos. Haben Sie einen Lieblingstätowierer
in Hamburg?*
Ich habe fast alle Tattoos bei *Immer und Ewig* in der Stresemannstraße stechen lassen. Die meisten sind von Christian Hensen.

*Was muss man in Hamburg unbedingt gemacht haben?*
Einen Rhababsi im *Thier* trinken.

*Lys Vintage* – Eppendorfer Weg 8, Eimsbüttel / *Blumen Lund* – Grindelhof 68,
Rotherbaum / *Bistro Carmagnole* – Juliustraße 18, Sternschanze /
*HEAT* – Harkortstraße 81, Altona / *Immer und Ewig* – Stresemannstraße 93, Altona /
*Thier* – Schulterblatt 98, Sternschanze

## The Vintage Store

Teak vs. Design: Im The Vintage Store warten Mid-Century-Stücke aus Skandinavien wie Sideboards, Sessel, Stühle und Sofas darauf, neue Wohnungen zu beziehen.
*Goernestraße 17, Tel.: 040/32 53 99 08, www.thevintagestore.de, Öffnungszeiten: Di–Fr 11–13 Uhr & 14.30–18.30 Uhr, Sa 11–16 Uhr*

## GROSS BORSTEL

### Freundts

Ich nehme ein … Wer auf der Suche nach einem Leuchtbuchstaben ist, wird bei Freundts bestimmt fündig. Mehrmals im Jahr finden im riesigen Buchstabenlager Lagerverkäufe statt. Das tollste Hamburg-Souvenir: ein blau-weißer Anker für die eigenen vier Wände!
*Borsteler Chaussee 49, Tel.: 040/64 85 43 85, www.freundts.de, Öffnungszeiten: Bekanntgabe der Lagerverkäufe auf Facebook: www.facebook.com/freundts*

### Le Marrakech

Goldene Kleiderhaken mit Palmen, Lederpoufs, Teppiche von Beni Ouarain – mitten im Hamburger Industriegebiet kann man einen Ausflug nach Marrakesch machen. Nach dem Shopping unbedingt im hauseigenen Restaurant Platz nehmen – ein Erlebnis (vorab reservieren!).
*Kellerbleek 10, Tel.: 040/57 14 53-0, www.lemarrakech.de, Öffnungszeiten Shop: Di 12–22 Uhr, Mi 12–19 Uhr, Do 12–18 Uhr, Fr & Sa 12–19 Uhr*

## HAFENCITY

### XShop

Design made in Hamburg findet man im XShop, dem Store der Präsentationsplattform Designxport in den Elbarkaden. Hier werden hochwertige Papeterie, Accessoires und Kleinmöbel von Hamburger Designern wie Papermoles, Pliet, Besau-Marguerre oder Milia Seyppel verkauft.
*Designxport, Hongkongstraße 8, Tel.: 040/30 62 12 45, www.designxport.de, Öffnungszeiten: Di–Sa 12–18 Uhr*

## HARVESTEHUDE

### Der neue Beckmann

Vitra, Gubi, Fritz Hansen, Knoll – beim neuen Beckmann gibt es Möbel von den großen Designern. In einer beeindruckenden Altbauwohnung werden unterschiedliche Wohnkonzepte präsentiert. Die hauseigene „Beckmann Kollektion" komplementiert das Sortiment.
*Klosterstern 4, Tel.: 040/46 40 25, www.derneuebeckmann.de, Öffnungszeiten: Mo–Fr 10–18.30 Uhr, Sa 10–18 Uhr*

## INNENSTADT

### Bolia

Wer geradliniges Design mag, sollte einen Abstecher zum dänischen Möbelhaus machen. Hier gibt New Scandinavian Design den Ton an – von der rosafarbenen Glasvase bis zum lindgrünen Lounge-Sofa. Eine weitere Filiale befindet sich im Straßenbahnring 19 in Eppendorf.
*Dammtorstraße 30, Tel.: 0172/942 95 26, www.bolia.com, Öffnungszeiten: Mo–Sa 10–20 Uhr*

### Cedon

In dem gläsernen Designshop in der Einkaufspassage Hanse-Viertel treffen Wohnobjekte von Vitra, Holztiere von Kay Bojesen und kunterbunte Hoptimisten auf Papeterie mit Sprüchen, Uhren von O'Clock und Kopfhörer von Urbanears. Das Tolle: Die Produkte sind nach Farben sortiert!

*Große Bleichen 30, Tel.: 040/28 80 96 97, www.cedon.de, Öffnungszeiten: Mo–Sa 10–20 Uhr*

### Granit

Das Interior-Mekka für Skandinavien-Liebhaberinnen heißt in der Innenstadt Granit – hier werden auf 260 Quadratmetern viele minimalistische Wohnaccessoires in Schwarz, Weiß und Grau zu Toppreisen verkauft.
*Poststraße 20, Tel.: 040/874 09 00-0, www.granit.com, Öffnungszeiten: Mo–Sa 10–19 Uhr*

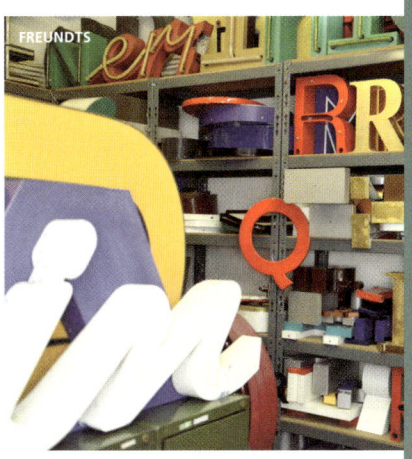

### Habitat

In den Sechzigerjahren eröffnete Terence Conran, ein junger Möbeldesigner, die erste Habitat-Filiale in London. Das Motto von damals, modernes Design zu erschwinglichen Preisen anzubieten, gilt bis heute.
*Großer Burstah 18–32, Tel.: 0211/866 34 43, www.habitat.de, Öffnungszeiten: Mo–Sa 11–19 Uhr*

### Illums Bolighus

*Top!*

Endlich müssen wir nicht mehr nach Kopenhagen reisen, um in den Genuss des vielfältigen Sortiments des Illums Bolighus zu kommen. In dem Store findet man die tonangebenden skandinavischen Design-Labels auf 1500 Quadratmeter und zwei Ebenen.
*Neuer Wall 54, Tel.: 040/29 99 65 520, www.illumsbolighus.de, Öffnungszeiten: Mo–Sa 10–19 Uhr*

### Manufactum

Manufactum sollte man allein schon wegen der beeindruckenden Architektur des Chilehauses, in dem das Warenhaus liegt, besuchen. Auf 700 Quadratmetern können hübsche Alltagsgegenstände für Küche,

Kleiderschrank und Garten geshoppt werden.
*Fischertwiete 2, im Chilehaus, Tel.: 040/30 08 77 43, www.manufactum.de, Öffnungszeiten: Mo–Sa 10–19 Uhr*

### Muji

Muji ist japanisch und bedeutet übersetzt „Keine Marke – große Produkte". Im Store findet man viele schlichte und geradlinige Designs – von der Zahnbürste bis zum Bilderrahmen. Besonders hübsch: die Adventskalender-Postkarten.
*Große Bleichen 31, Tel.: 040/35 01 63 32, www.muji.com, Öffnungszeiten: Mo–Sa 10–20 Uhr*

### The Fjord House

Der Concept-Store wird vor allem von Natur- und Blautönen beherrscht. Hier finden skandinavische Labels, die in Hamburg kaum oder nur selten vertreten sind, einen schönen Platz. Mit dabei: Wohnaccessoires von Muubs und Lind Dna, Salz von Saltverk, Schokolade von Konnerup und Casualwear vom hauseigenen Label.
*Große Bleichen 36, Tel.: 040/35 71 81 78, www.thefjordhouse.com, Öffnungszeiten: Mo–Sa 10–20 Uhr*

# KAROVIERTEL

## Hanseplatte

Hamburch, meine Perle! Wer sich in die Hansestadt verliebt hat, sollte sich noch schnell ein Souvenir bei der Hanseplatte holen (gilt auch für Hamburger!). Neben zahlreichen Platten gibt es hier nämlich hübsche Anker-Schlüsselanhänger, stilsichere Friesennerze, „Ahoi Käpt'n"-Tassen und für die Kleinen Mini-Matrosenkleider. *Neuer Kamp 32, Tel.: 040/28 57 01 93, www.hanseplatte.de, Öffnungszeiten: Mo–Fr 11–19 Uhr, Sa 10–18 Uhr*

## Vintage Gallery

Hier werden Vintage-Wohnliebhaberinnen happy! Inhaber Dirk verkauft Möbel und Wohnaccessoires aus vergangenen Jahrzehnten – von bunten Eames-Stühlen bis zum Holzaffen von Kay Bojesen. Viele Stücke haben Seltenheitswert! *Karolinenstraße 27, Tel.: 0157/71 45 20 03, www.vintagegalleryblog.wordpress.com, Öffnungszeiten: Mo–Fr 12–18 Uhr, Sa 11–19 Uhr*

**VINTAGE GALLERY**

## *AUF ENTDECKUNGSTOUR RUND UM DEN GROSSNEUMARKT*

In Hamburg kann man einige Viertel jenseits der bekannten Innenstadt oder der oft gehypten Schanze entdecken. Besonders charmant und noch nicht so überlaufen ist es rund um den Großneumarkt, dem Herzstück der Neustadt. Um den historischen Markt mit seinen schönen Altbauten wird nicht nur der Wohnraum immer beliebter, sondern es siedeln sich auch immer mehr neue Cafés, Shops und Galerien an.

Am besten startet man die Entdeckungstour mit einem selbstgerösteten Kaffee bei *Public Coffee Roasters* (Wexstraße 28) und nimmt an einem der bunten Barhocker an der großen Fensterfront mit Blick auf die Wexstraße oder draußen auf den Kaffesackkissen Platz. Direkt nebenan, im gleichen Gebäude, liegt der Pflanzen-Store *Winkel van Sinkel* – ein Urban Jungle aus Sukkulenten, Kakteen, Airplants und Terrarien gemixt mit Papeterie, Keramik und Raumdüften von spannenden Amsterdamer Labels.

Danach geht's weiter auf der gepflasterten Wexstraße – nur 20 Meter entfernt liegt der hübsche Wohnladen *Richard* (Wexstraße 32 A) von dem ehemaligen Interior-Stylisten Richard Lotzmann. Japan-Fans sollten danach gegenüber bei *Akiko* (Wexstraße 39) vorbeischauen – hier treffen Accessoires aus japanischen Stoffen auf fernöstliche Papeterie. Jetzt ist der Großneumarkt schon in Sicht. Wer die kleine Neustadt-Tour an einem Mittwochoder Samstagvormittag macht, sieht jetzt das bunte Treiben auf dem Marktplatz. Denn zweimal die Woche findet hier von 8.30 bis 13.30 Uhr der

Frischemarkt mit Blumen, Obst und Gemüse und vielen Köstlichkeiten aus aller Welt statt. Der Großneumarkt ist auch das Zuhause von einem der schönsten Concept-Stores der Hansestadt – bei *Perle* (Großneumarkt 22) warten viele internationale Labels auf neue Besitzerinnen.

Zeit für Lunch? Dann ab zu *Karlsons* (Alter Steinweg 10) – hier gibt es, echt skandinavisch, Köttbullar und Hot Dogs, aber auch vegetarische Alternativen. Und während man sich mit seinem nummerierten Dalapferd einen Platz sucht, kann man noch schnell einen Blick auf die schönen Wohnaccessoires aus Schweden, die alle gekauft werden können, werfen.

Zum Schluss lohnt sich ein Abstecher in die Poolstraße, ein Mekka der Hamburger Kreativszene. Bei *Gudberg Nerger* (Poolstraße 8) kann man sich durch spannende Independent-Magazine und Bücher blättern oder die angrenzende Galerie besuchen und schräg gegenüber beim Goldschmied *Jonathan Johnson,* der schon Schmuck für Hamburger Hip-Hop-Größen kreiert hat, durch ausgefallene Schmuckstücke stöbern. Zeit für eine kurze Auszeit? Dann ab zu *Hej Papa* (Poolstraße 32) und einen Kaffee und selbstgemachten Kuchen genießen. Wie praktisch, dass direkt nebenan der Concept- und Interieur-Store *maison f* liegt. Inhaber Falk Pachulski hat ein Faible für besondere Arrangements und bietet individuelle Deko-Objekte mit Geschichte an – da lohnt allein schon das Window-Shopping! Langweilig wird es rund um den Großneumarkt also nie! — KATHARINA CHARPIAN

# NEUSTADT

### Maison f

Verzierte Keramik aus Portugal, die bekannte „Monkey Lamp" von Seletti oder Quallen hinter Glas – im Concept- und Interieur-Store maison f werden Fans von leichter Opulenz im Mix mit verspielten Details und Accessoires aus der Natur fündig. Der Besitzer hat ein Faible für besondere Arrangements.
*Poolstraße 32, Tel.: 0173/76 78 426, www.maison-f.de, Öffnungszeiten: Mo–Fr 11–19 Uhr, Sa 11–16 Uhr*

### Perle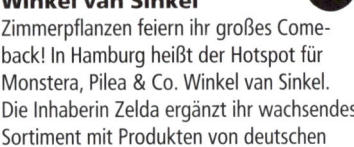

Der Concept-Store Perle liegt direkt am Großneumarkt und ist das hübsche Zuhause vieler internationaler Labels. Düfte von Comme des Garçons, Taschen von APC, Kleider von Peter Jensen, Bücher vom Gestalten Verlag, Strampler von Minirodini und Möbel vom Berliner Brand Mykilos sind auf 150 Quadratmetern mit viel Stil inszeniert.
*Großneumarkt 22, Tel.: 040/30 99 74 66, www.perle-shop.de, Öffnungszeiten: Di–Fr 11–19 Uhr, Sa 11–16 Uhr*

### Richard

Vintage meets Boho und ein bisschen Kitsch: Richard Lotzman, Shopbesitzer von Richard, hat lange als Stylist für Wohnzeitschriften gearbeitet. Jetzt verkauft er in seinem Store tolle Rattansessel, pastell-

farbene Vasen und Porzellantiere – alles mit viel Liebe zum Detail arrangiert und oft nicht so teuer, wie es aussieht!
*Wexstraße 32a, Tel.: 040/38 64 75 02, www.richardhamburg.com, Öffnungszeiten: Di & Sa 12–17 Uhr, Mi–Fr 12–18.30 Uhr*

### Winkel van Sinkel

Zimmerpflanzen feiern ihr großes Comeback! In Hamburg heißt der Hotspot für Monstera, Pilea & Co. Winkel van Sinkel. Die Inhaberin Zelda ergänzt ihr wachsendes Sortiment mit Produkten von deutschen und niederländischen Labels.
*Wexstraße 28, www. winkelvansinkel.de, Tel.: 040/35 01 98 19, Öffnungszeiten: Di–Fr 11–19 Uhr, Sa 11–16 Uhr*
Eine zweite Filiale, die „Winkel van Sinkel – Plant Station", befindet sich am Grindelberg 62 in einer denkmalgeschützten Tankstelle.
*Öffnungszeiten: Do–Fr 11–19 Uhr, Sa 11–16 Uhr*

# OTTENSEN

### Bridget Bell

Bei Bridget Bell würden auch Dänen für ihre Sommerhäuser einkaufen. Geschirr, Besteck, Kissen und Kerzenständer im modernen und blumigen Country-Style von Labels wie Madam Stoltz, Green Gate oder Tine K. Home sorgen für XXL-Landhaus-Feeling!

WINKEL VAN SINKEL

*Große Rainstraße 17, Tel.: 040/60 09 87 90,
www.bridgetbell-countrystyle.de,
Öffnungszeiten: Mo & Di 11–18 Uhr,
Mi–Fr 11–19 Uhr, Sa 11–17 Uhr*

### Plyground
Der Spielplatz für Interior-Liebhaberinnen
befindet sich in einer alten Fischräucherei in
einem charmanten Hinterhof in Ottensen.
Neben modernen Möbelklassikern gibt es
hier industrielle Originale aus der Vorkriegs-
zeit und Designs vom hauseigenen Label
PLY. Must-do: Einmal auf dem gelben Eames-
Schaukelstuhl durch den Raum fliegen.
*Hohenesch 68, Tel.: 040/38 66 10 20,
www.ply.de, Öffnungszeiten:
Mo–Sa 12–18 Uhr*

### Søstrene Grene
Der Krimskramsladen für Living-Fans, die
auf Schnäppchensuche sind, heißt Søstrene
Grene und kommt ursprünglich aus Dänemark. Das Besondere: Geshoppt wird
„im Kreis" – und an der Kasse kommt man
nie mit leeren Händen an. Wetten!
*Ottenser Hauptstraße 20,
www.sostrenegrene.com, Öffnungszeiten:
Mo–Mi 10–20 Uhr, Do–Fr 10–21 Uhr,
Sa 10–20 Uhr*

### The Box Concept Store
Wer bei The Box an ein kleines Lädchen
denkt, liegt daneben. Zum Concept-Store,
der in einer alten Fabrikhalle liegt, gehören
zwei Galerien, ein Möbelgeschäft mit Vin-
tagestücken und Unikaten, ein Buchladen
und ein Café. Außerdem finden hier regelmäßig Konzerte und Lesungen statt.

*Borselstraße 16f, Tel.: 040/29 81 20 97 13,
www.thebox-hamburg.com, Öffnungszeiten: Di–Fr 12–19 Uhr, Sa 10–18 Uhr*

### Wohngeschwister
Nichts für Puristen – bei den Wohnge-
schwistern kommt Farbe ins Spiel. Zwei
Brüder stecken hinter dem Shop am Großneumarkt. Lampen mit bunten Kabeln vom
Schweden Nud, gemusterte Decken vom
norwegischen Label Røros und Kerzenständer vom dänischen Label Superliving
sind nur einige Highlights der großen
Produktauswahl.
*Bahrenfelder Straße 138,
Tel.: 040/46 64 39 37,
www.die-wohngeschwister.de, Öffnungszeiten: Mo–Sa 10.30–19.30 Uhr*

## STERNSCHANZE

### B-Lage
*Top!*

Vanessa Janneck ermöglicht es kleinen
Labels, sich in ihrem Store einzumieten –
dadurch entsteht ein tolles und monatlich
wechselndes Jungdesigner-Portfolio. Neben
Living-Accessoires gibt es Mode, Schmuck
und Vanessas eigenes maritimes Label
Vanewonderland.
*Kampstraße 11, Tel.: 040/ 55 43 54 16,
www.b-lage.hamburg, Öffnungszeiten:
Mo, Mi & Fr 12–19 Uhr, Sa 11–18 Uhr*

WEITER AUF SEITE 52 →

# Xenia Alt

—

Concept-Store-Inhaberin *Minimarkt*

—

*Ihr Shop liegt mitten in der Schanze. Was mögen Sie an dem Viertel besonders gerne?*

Ich liebe die Vielfalt. Es sind so viele unterschiedliche Anwohner, Besucher, Restaurants und Kaffees mit den unterschiedlichsten Einstellungen, Geschmäckern und Sortimenten. Besonders gerne mag ich den Schmuckshop *Bleu*, für Kleidung die Boutique *Wie es Euch gefällt*, für Lunch die *Polokantine* und die *Souperia* und für leckere Geschenke *Stüdemanns Kaffee- & Teeladen*.

*Wie verbringen Sie den Sommer in Hamburg am liebsten?*

Mit einer Fahrradtour entlang der Elbe bis nach Blankenese, um dort das wohlverdiente Krabbenbrötchen am Strand zu genießen. Mein Kind spielt im Sand, beobachtet die Schiffe, und wir schlemmen mit Blick aufs Wasser. Mein Favorit ist die *Kajüte S.B.12*, ein kleines Restaurant mit Bierzeltgarnitur.

*Welcher Ort ist in Hamburg besonders toll für Kinder?*

Toll finde ich es, mit meiner Tochter zur Schiffsbegrüßungsanlage *Willkomm-Höft* zu fahren und dem Team der Begrüßungskapitäne zu lauschen. Es werden über 150 Nationalhymnen gespielt und die Begrüßungstexte in der jeweiligen Landessprache aufgesagt. Das *Schulauer Fährhaus* bietet zur selben Zeit Kuchen, Drinks oder warme Speisen an.

*Welchen Flohmarkt mögen Sie besonders gerne?*

Ich liebe die *Flohschanze*. Man kann den Marktbesuch super mit dem Samstags-Shopping in der Schanze, dem Karoviertel oder St. Pauli verbinden.

*Das beste Hamburg-Souvenir?*

Bei uns im Laden ist der Bestseller ein Frühstücksbrett aus Eschenholz. Eingebrannt ist ein Möwenschwarm oder ein Blick

auf den Michel mit dem Hafen im Hintergrund. Hört sich kitschiger an, als es ist. Unsere Hamburger Kundschaft sowie die netten Touristen haben es zum Dauerbrenner gemacht.

*Minimarkt* – Bartelsstraße 37, Sternschanze / *Bleu* – Schanzenstraße 41, Sternschanze / *Wie es Euch gefällt* – Juliusstraße 16, Sternschanze / *Polokantine* – Bartelsstraße 26, Sternschanze / *Souperia* – Bartelsstraße 21, Sternschanze / *Stüdemanns Kaffee- & Teeladen* – Schulterblatt 59, Sternschanze / *Kajüte S.B.12* – Strandweg 79, Blankenese / *Willkomm-Höft & Schulauer Fährhaus* – Parnaßstraße 29, Wedel / *Flohschanze* – Neuer Kamp 30, Sternschanze

## Human Empire

Im charmanten Ladengeschäft mit Interieur aus den Fünfzigerjahren findet ein kunterbuntes Happening von deutschen und skandinavischen Produkten statt. Karten vom Berliner Label Navucko und Poster vom Hamburger Illustrator Dieter Braun treffen unter anderem auf dänische Keramik von Studio Arhoj und Kissen vom finnischen Brand Marimekko.

*Schulterblatt 132, Tel.: 040/22 62 68 11, www.humanempireshop.com, Öffnungszeiten: Di–Fr 12–19 Uhr, Sa 11–18 Uhr*

## Lokaldesign

Auf der Suche nach einem individuellen Möbelstück von einem Interior-Designer aus Deutschland? Dann ab zu Lokaldesign. Hier verkaufen Nachwuchsdesigner mitten im Schanzenviertel Unikate und Kleinserien, von der Betonlampe bis zum Esstisch aus massiver Eiche.

*Schulterblatt 85, Tel.: 040/65 91 64 83, www.lokaldesign.de, Öffnungszeiten: Di–Sa 11–19 Uhr*

## LUV

Wie eine Wohnungsbesichtigung fühlt sich der Besuch beim Interiorshop LUV in den Schanzenhöfen an. In den Zimmern gibt es einiges zu entdecken, vom Marmortisch von Ox Denmarq über die Kupferlampe von Tom Dixon bis hin zum türkisfarbenen Acapulco Chair. Einmal alles, bitte!

*Lagerstraße 36, Tel.: 040/386 74 80-0, www.luv-hamburg.com, Öffnungszeiten: Mo 10–16 Uhr, Di–Fr 10–18.30 Uhr, Sa 11–18 Uhr*

## Minimarkt

Die Anlaufstelle für neue Lieblingsstücke und besondere Geburtstagsgeschenke heißt in Hamburg Minimarkt. Neben vielen skandinavischen Wohnlabels wie By Lassen, House Doctor, Frama und Norman Copenhagen füllen auch Düfte von Comme des Garçons und besondere Spielsachen die Regale des feinen Concept-Stores.

*Bartelsstraße 37, Tel.: 040/23 51 84 42, www.minimarkt.com, Öffnungszeiten: Mo–Sa 11–19 Uhr*

## Wohnkultur 66

Martina Münch und Manfred Werner sind Experten, wenn es um skandinavische Möbel geht. In dem historischen Schlachthof in der Schanze befinden sich ihr Store und Showroom mit beeindruckenden und restaurierten Stücken von Designern wie Alvar Aalto, Poul Kjaerholm und Borge Mogensen.

*Sternstraße 66, Tel.: 040/43 60 02, www.wohnkultur66.de, Öffnungszeiten: Mo–Fr 12–18 Uhr, Sa 12–16 Uhr*

# ST. PAULI

## Kunst Kiosk

Auf der Suche nach einer individuellen Hamburg-Postkarte? Dann ist der Kunst Kiosk die richtige Anlaufstelle – hier verkaufen lokale Designer selbst gemachte Produkte, vom Kunstdruck bis zum Kissen. In regelmäßigen Abständen finden kleine Kunstevents statt.

*Paul-Roosen-Straße 5 , Tel.: 040/37 42 95 22, www.kunstkiosk-hamburg.de, Öffnungszeiten: Mo–Sa 11–19 Uhr*

## ST. GEORG

### Kaufhaus Hamburg

Das Kaufhaus Hamburg in der hübschen Langen Reihe, der Einkaufsstraße St. Georgs, gilt unter Genießern und Schöngeistern als Geschenke- und Mitbringsel-Eldorado. Hier gibt's Produkte von lokalen Designern und Manufakturen, vom Apfelsaft bis zum Gin, von der Duftkerze bis zum Notizheft.
*Lange Reihe 70, Tel.: 040/22 81 56 69, www.kaufhaus-hamburg.de, Öffnungszeiten: Mo–Fr 11–19 Uhr, Sa 10–19 Uhr*

## WINTERHUDE

### Cosman Interior

Wohnzimmer, Arbeitsecke, Bad und sogar ein Garten – der Store von Marc Neumann und Cord Selcho ist wie eine private Wohnung aufgeteilt, eingerichtet im gemütlichen Landhausstil in gedeckten Tönen, ausgestattet mit Labels wie Rivièra Maison, Tine K. Home und Flamant. In Othmarschen befindet sich Wohnung … ähm Store Nr. 2 (Waitzstraße 3).
*Mühlenkamp 44, Tel.: 040/20 90 88 67, www.cosman-interior.de, Öffnungszeiten: Mo–Fr 11–19 Uhr, Sa 10–16 Uhr*

### Schön & Ehrlich

Bei Schön & Ehrlich treffen skandinavische Designlabels wie Skandinavisk, Stelton und Menu auf spannende Produkte made in Germany. Mit dabei: Drucke von Navucko, Karten von Urban Design und Schalen von Fundamental Group Berlin.
*Gertigstraße 18, Tel.: 040/76 90 17 15, www.schoen-und-ehrlich.de, Öffnungszeiten: Mo–Fr 11–19 Uhr, Sa 10–17 Uhr*

## *Blumen*

## KAROVIERTEL

### Saxifraga

Täglich gehen hier mehrere Braut- und Geburtstagssträuße über die Theke. Floristin Carola Wineberger und ihr Team kreieren fantasievolle und moderne Blumenarrangements und bieten eine große Auswahl an kunterbunten Wiesenblumen an.
*Glashüttenstraße 100, Tel.: 040/43 73 55, www.saxifraga.cc, Öffnungszeiten: Mo–Fr 10–18.30 Uhr, Sa 10–16 Uhr*

GRÜNE FLORA

## STERNSCHANZE

### Blumen aus Holland
Frisch aus Holland werden die saisonalen Blumen, von Tulpen bis Gladiolen, am frühen Morgen geliefert. Der Blumenladen in der Schanze hat keinen Namen, ist in Hamburg aber stadtbekannt. Einfach nach der Schlange und dem mit Blumen geschmückten Fahrrad Ausschau halten.
*Susannenstraße 30, Öffnungszeiten: Mi–Sa, solange der Vorrat reicht*

### Grüne Flora
Trommelstock, Ranunkel oder Löwenmäulchen – bei der Grünen Flora in der Schanze blüht es in allen Farben, fernab von klassischen Rosen und Tulpen. On top findet man in dem hübsch dekorierten Laden auch Sukkulenten, Pflanzen für den Garten und Tontöpfe.
*Schulterblatt 79, Tel.: 040/43 18 21 08, www.grueneflora.de, Öffnungszeiten: Mo–Fr 9–19 Uhr, Sa 10–17 Uhr*

## UHLENHORST

### Himmel und Erde
Die Meisterfloristen von Himmel und Erde binden außergewöhnliche Sträuße für Hotels und Hochzeiten, bieten im Laden aber auch moderne Sträuße mit einer besonderen Blumenauswahl to go an.
*Hofweg 8, www.himmelunderde-hamburg.de, Tel.: 040/220 27 23, Öffnungszeiten: Mo–Fr 8.30–18 Uhr, Sa 8.30–14 Uhr*

## Bücher & Magazine

## EPPENDORF

### Stories!
Minimalistisch und pur ist diese große Buchhandlung in Eppendorf – einige Buchcover werden wie in einer Ausstellung in wandhohen Regalen frontal präsentiert. Wer länger stöbern möchte, kann es sich im hauseigenen Café gemütlich machen. Eine weitere Filiale gibt es im Hanse-Viertel (Große Bleichen 36).
*Straßenbahnring 17, Tel.: 040/43 27 59 43, www.stories-hamburg.de, Öffnungszeiten: Mo–Fr 9–19 Uhr, Sa 10–17 Uhr*

## INNENSTADT

### Sautter & Lackmann
Bei Sautter & Lackmann möchte man sich am liebsten über Nacht einschließen. Die Fachbuchhandlung mit wandhohen Regalen liegt auf der hübschen Fleetinsel und beherbergt ein internationales Angebot von Büchern zu Kunst, Architektur, Grafikdesign, Fotografie, Film, Mode und Kunsthandwerk.
*Admiralitätstraße 71/72, Tel.: 040/37 31 96, www.sautter-lackmann.de, Öffnungszeiten: Mo–Fr 10–19 Uhr, Sa 11–18 Uhr*

## KAROVIERTEL

### Kochkontor

Von Donna Hay bis Jamie Oliver – Hamburgs größte Kochbuchauswahl gibt's beim Kochkontor im Karoviertel. Das Tolle: Rezepte aus den Büchern werden täglich nachgekocht und zu Mittag serviert – die Gerichte können vorab online gecheckt werden.

*Karolinenstraße 27, Tel.: 040/43 21 60 36, www.koch-kontor.de, Öffnungszeiten: Mo–Fr 10–19 Uhr, Sa 11–17 Uhr, Mittagessen ab 12 Uhr*

## NEUSTADT

**Top!**

### Gudberg Nerger

Das Mekka der Independent-Magazine und -Bücher heißt in Hamburg Gudberg Nerger. Im Store verkauft der Verlag eigene Bücher, aber auch Bücher von spannenden Kreativen aus den Bereichen Kunst, Fotografie, Illustration, Reise, Design, Architektur und Lifestyle.

*Poolstraße 8, Tel.: 040/819 51 50, www.gudbergnerger.com, Öffnungszeiten: Mo–Fr 10–18 Uhr, Sa 12–18 Uhr*

COHEN + DOBERNIGG

## STERNSCHANZE

### Cohen + Dobernigg

Ein Besuch bei Cohen + Dobernigg lässt sich perfekt mit einem Schanzenflohmarkt-Stopp verbinden. Beim Betreten des Buchladens fällt einem sofort das ringförmige Bücherregal auf, das mit erzählender Literatur und Büchern zu den Themen Film, Theater, Popkultur, Design, Fotografie, Reise und Mode bestückt ist. Regelmäßig finden hier tolle Lesungen statt.

*Sternstraße 4, Tel.: 040/401 85 11-0, www.codobuch.de, Öffnungszeiten: Mo–Fr 10–20 Uhr, Sa 10–18 Uhr*

## *Flohmärkte*

## BARMBEK

### Kultur-Flohmarkt Barmbek

Auf dem weitläufigen Hof des Museums für Arbeit in Barmbek findet der schöne Kultur-Flohmarkt statt. Einmal im Monat, samstags oder sonntags, verkaufen hier nur Privatleute, keine Händler. Das Café LüttLiv (Maurienstraße 19) in der Barmbeker Zinnschmelze bietet sich perfekt für eine Pause vom Stöbern an.

*Wiesendamm 3*
*Der Flohmarkt findet einmal im Monat statt. Termine unter www.marktkultur-hamburg.de, Öffnungszeiten: 9–17 Uhr*

## EPPENDORF

### Antik- und Flohmarkt Lehmweg

Mit Glück findet man beim Flohmarkt am Lehmweg in Eppendorf tolle Vintage-schätze von großen Designern oder Wohnaccessoires und Möbel von bekannten Interior-Brands. Früh stöbern lohnt sich!

*Lehmweg, zwischen Hoheluftchaussee und Hegestraße, findet viermal im Jahr statt*

WEITER AUF SEITE 58 →

*Frischeparadies* – Große Elbstraße 210, Altona / *Deichtorhallen* – Deichtorstraße 1, Altstadt /
*Hamburger Kunsthalle* – Glockengießerwall, Altstadt / *Affenfaust Galerie* – Paul-Roosen-
Straße 43, St. Pauli / *Rialto* – Michaelisbrücke 3, Innenstadt / *Schauermann* – St. Pauli-
Hafenstraße, St. Pauli / *Krug* – Paul-Roosen-Straße 35, St. Pauli / *Bistro Carmagnole* –
Juliusstraße 18, Sternschanze / *Neumann's* – Grindelhof 77, Rotherbaum /
*Restaurant Brücke* – Innocentiastraße 82, Harvestehude

# Alexandra Osmers

## Geschäftsführerin Network PR

*Was mögen Sie an Hamburg besonders?*

Hamburg vereint für mich alle anderen Großstädte Deutschlands – für jeden ist hier etwas dabei. Oft haben die unterschiedlichen Stadtteile fast schon einen provinziellen Charakter, was ich sehr mag. Ich kenne wenige Plätze, die so weltoffen und liberal, gleichzeitig aber so heimelig geblieben sind.

*Wo sind Sie am Wochenende in Hamburg am liebsten unterwegs?*

Ich mache mich lieber auf in die Randbezirke. Spazierengehen am Falkensteiner Ufer oder in den Boberger Dünen, Radfahren im Alstertal oder Reiten im Klövensteen – Hauptsache Natur und abschalten.

*Ihre Shoppingtipps?*

Meine persönlichen Favoriten sind Ottensen, rund um die Ottensener Hauptstraße, die Lange Reihe in St. Georg und die Wohlwillstraße in St. Pauli. Für Kulinarisches ist das *Frischeparadies* an der Großen Elbstraße immer ein tolles Shopping-Highlight.

*Welche Galerien und Museen sollte man besuchen?*

Ich bin hin und wieder gerne in den *Deichtorhallen* oder in der *Kunsthalle*. Eine der besten Galerien ist für mich im Moment die *Affenfaust Galerie* auf St. Pauli mit einem spannenden Mix aus etablierten und neuen Street-Art-Künstlern.

*Wo gehen Sie in Hamburg besonders gerne essen?*

Zu meinen Lieblingsplätzen zählen seit Jahren das *Rialto* und das *Schauermann*. Und im *Krug* auf dem Kiez bin ich in letzter Zeit wieder häufiger. Neu entdeckt habe ich kürzlich das *Bistro Carmagnole* in der Schanze. Außerdem mag ich das *Neumann's* und die *Brücke*.

## ROTHERBAUM

### Turmweg-Flohmarkt
Zweimal im Jahr findet der beliebte Flohmarkt am Turmweg statt. In der schönen Straße mit herrschaftlichen Häusern verkaufen Hamburgs gut betuchte Bewohner ausrangierte Designerstücke, edlen Trödel und coole Vintageteile.
*Turmweg, findet zweimal jährlich im April und im September statt*

## STERNSCHANZE

### Flohschanze
Wer Flohmärkte liebt und Hamburg besucht, kommt am Schanzenflohmarkt kaum vorbei. Jeden Samstag findet der wohl bekannteste Flohmarkt Hamburgs bei der alten Rinderschlachthalle statt und ist der perfekte Ausgangspunkt, um danach dem Karoviertel, der Schanze oder der neuen Rindermarkthalle einen Besuch abzustatten.
*Neuer Kamp 30, alte Rinderschlachthalle zwischen Sternstraße und Marktstraße, jeden Samstag 8–16 Uhr*

## UHLENHORST

### Flohmarkt Immenhof
Klein und fein ist der Flohmarkt Immenhof, der direkt am schönen Kuhmühlenteich liegt und viermal im Jahr stattfindet.
*Immenhof, viermal im Jahr, 9–16 Uhr*

## WILHELMSBURG

### FlohZinn
FlohZinn, der Flohmarkt in den Zinnwerken in Wilhelmsburg, zählt zu den unterhaltsamsten Flohmärkten in Hamburg und findet jeden ersten Sonntag im Monat statt. Neben Schnäppchen jagen kann man sich

## INNENSTADT

### Mädelsflohmarkt
Goodie-Bags, Lieblingsstücke, die auf der Suche nach neuen Besitzerinnen sind und entspannte DJ-Sets – nicht ohne Grund ist die Schlange zum Mädelsflohmarkt oft ein paar hundert Meter lang. In den warmen Monaten findet der Flohmarkt draußen und im Herbst und Winter in einer Location statt.
*Termine und Locations werden auf Facebook bekannt gegeben: www.facebook.com/ maedelsflohmarkt.das.original, mehrmals im Jahr, ca. 12–17 Uhr*

## KAROVIERTEL

### Messehallen Winterflohmarkt
Wenn es zu kalt für Open-Air-Flohmärkte ist, kommt der Messehallen-Flohmarkt ins Spiel. Rund 500 Händler verkaufen jeweils an vier Terminen im Herbst und im Winter ihren Trödel und Antikes in zwei bis drei Hallen des Hamburger Messegeländes.
*Hamburger Messehallen, St. Petersburger-Straße 1, findet viermal im Herbst und im Winter statt, Termine: www.melan.de, Öffnungszeiten: 8–17 Uhr, Eintritt: ca. 3,50 Euro*

in der Lounge mit orientalischen Teppichen eine kleine Pause gönnen und der wechselnden Livemusik lauschen.

*Zinnwerke, Am Veringhof 7, jeden ersten Sonntag im Monat 10–16 Uhr*

## WINTERHUDE

### Flohmarkt beim Goldbekhaus

Bei Crêpes und Butterkuchen kann man den charmanten Flohmarkt auf dem Hof des Goldbekhauses, direkt am Kanal, am besten genießen. Der Flohmarkt findet an zehn Terminen von Mai bis September statt.

*Moorfuhrtweg 9, www.goldbekhaus.de/ maerkte, 10–16 Uhr*

# Babys & Kids

## BARMBEK NORD

### Romy – Kids and Interior   *Top!*

Der schönste Kinderladen in Hamburg heißt Romy. Dieser liegt nicht super zentral, der Weg lohnt sich aber. Hier finden Eltern und ihre Kleinen handverlesene Spielwaren und Kinderkleidung sowie stilvolle Interior-Produkte.

*Fuhlsbüttler Str. 414, Tel.: 040/37 61 33 73, www.romy-hamburg.de, Öffnungszeiten: Mo–Fr 10–18 Uhr, Sa 9–16 Uhr*

## EIMSBÜTTEL

### Unique Love

Wer auf der Suche nach einem individuellen Hamburg-Mitbringsel fürs Baby oder Kind ist, ist im Store von Designerin Antje Arik genau richtig. Hier verkauft sie ihr gleichnamiges Label, von der „Hallo kleiner Hamburger"-Karte bis zum selbst gemachten Wolken-Mobile.

*Bellealliancestraße 38, Tel.: 0178/520 54 09, www.uniquelove-shop.de, Öffnungszeiten: Fr 15–18 Uhr, Sa 12–15 Uhr*

## EPPENDORF

### Little Foshi

Monster-Stofftiere sitzen auf den Regalen, ein Tipi steht im Raum, und süße Kidswear hängt an den Stangen. Der Concept-Store Little Foshi ist ein kleines Baby- und Kinderparadies. Tolle Glückwunsch- und Postkarten sowie Deko von Meri Meri sind hier ebenfalls zu finden.

*Eppendorfer Baum 9, Tel.: 040/41 42 55 95, www.littlefoshi.de, Öffnungszeiten: Mo–Fr 9.30–18.30 Uhr, Sa 10–16 Uhr*

## INNENSTADT

### Kind der Stadt

Alles, was das Baby für einen perfekten Start ins Leben braucht, gibt es auf 150 Quadratmetern bei „Kind der Stadt" – von den gefragtesten Kinderwagen von Bugaboo Cybex & Co bis hin zu Accessoires fürs Kinderzimmer und schöne Geschenke zur Geburt.

*Neue Gröningerstr. 10, Tel.: 040/88 18 73 26, www.kind-der-stadt.de, Öffnungszeiten: Mo–Mi & Fr 10–18.30 Uhr, Do 10–20 Uhr, Sa 10–16 Uhr*

ROMY – KIDS AND INTERIOR

## OTTENSEN

### Immer im Zimmer
Wer auch im Kinderzimmer auf nachhaltige Produkte setzen möchte, ist bei Immer im Zimmer genau richtig. Die Naturkindermöbel und schadstofffreien Spielwaren sind von Gründerin und Naturwissenschaftlerin Dr. Inga Gurke persönlich ausgewählt.
*Eulenstraße 95, Tel.: 040/32 51 62 76, www.immerimzimmer.com, Öffnungszeiten: Mo–Fr 11–13 Uhr & 13.30–18.30 Uhr, Sa 11–16 Uhr*

# Hund & Katz

## BLANKENESE

### Mellow Bello
Ein Besuch bei Mellow Bello lässt sich perfekt mit einem Ausflug zum Falkensteiner Ufer verbinden – oder umgekehrt. Die hochwertigen Produkte vom Spielzeug übers Halsband bis zum Futter sind liebevoll und gewissenhaft ausgesucht. Die naturbelassenen Kauartikel aus dem Allgäu sind in Hamburg stadtbekannt.
*Dockenhudener Straße 4–6, Tel.: 040/866 28 20-0, www.mellow-bello.de, Öffnungszeiten: Mo & Fr 10–18 Uhr, Di–Do 14–18 Uhr, Sa 10–13 Uhr*

## EIMSBÜTTEL

### Poodlewohl
Ein Bioladen für Hund und Katz – das ist Poodlewohl. Hier trifft Biofutter auf nachhaltig und fair produziertes Zubehör und eine gute persönliche Beratung.
*Schulweg 45, Tel.: 040/43 27 77 61, www.poodlewohl1.jimdo.com, Öffnungszeiten: Mo–Fr 11–19 Uhr, Sa 10–16 Uhr*

## KAROVIERTEL

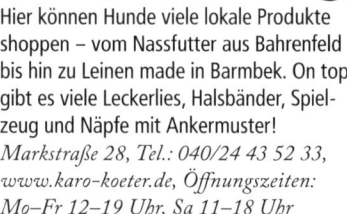

### Karo Köter
Hier können Hunde viele lokale Produkte shoppen – vom Nassfutter aus Bahrenfeld bis hin zu Leinen made in Barmbek. On top gibt es viele Leckerlies, Halsbänder, Spielzeug und Näpfe mit Ankermuster!
*Markstraße 28, Tel.: 040/24 43 52 33, www.karo-koeter.de, Öffnungszeiten: Mo–Fr 12–19 Uhr, Sa 11–18 Uhr*

## ST. GEORG

### Pet Shop Boyz
Im Herzen von St. Georg liegt der gepunktete Laden mit roter Treppe und gelber Schrift namens Pet Shop Boyz. In dem außergewöhnlichen Shop im Stil eines Kolonialwarenladens spielen Trends in der Tierwelt genauso eine Rolle wie hohe Qualität, Nachhaltigkeit und eine individuelle Beratung für Zwei- und Vierbeiner.
*Schmilinskystraße 15, Tel.: 040/28 80 36 10, www.petshopboyz.de, Öffnungszeiten: Mo–Fr 10–20 Uhr, Sa 10–18 Uhr*

## WINTERHUDE

### Futterneid
Futterneid-Shopbesitzerin Melanie Weiß setzt auf Produkte made in Germany: Das Frischfleisch kommt aus Niedersachsen und wird täglich geliefert, und Leckerlis und Kauartikel stammen ebenfalls aus deutschen Betrieben. On top gibt's handgemachte Hundeleinen und Halsbänder.
*Gertigstraße 6, Tel.: 040/69 65 79 00, www.futterneid-hamburg.de, Öffnungszeiten: Mo–Fr 10–19 Uhr, Sa 10–15 Uhr*

## *HAMBURG BEFINDET SICH IM WANDEL – GESCHICHTSTRÄCHTIGE BACKSTEINFASSADEN TREFFEN AUF MODERNE GLASKONSTRUKTIONEN*

Bunte Container, graue Stahlkräne, kleine und große Schiffe, neue Brücken, alte Speicher, breite Fleete, schmale Kanäle – Hamburg ist eine Hafenstadt, und wenn etwas das Stadtbild bestimmt, dann ist es das Wasser. Man könnte meinen, jegliche Architektur ist an das kühle Nass angelehnt, wird von ihm bedingt, begrenzt, umspielt und genehmigt – von den verspielt-vornehmen Jugendstilvillen in Alster- oder Elbnähe über die blitzende Coolness moderner Glaskonstruktionen wie das *Dockland* oder die *Tanzenden Türme* bis hin zu den heimelig anmutenden Kontorhäusern voller Gewürz-, Tee- und Kaffeegeschichten in der Speicherstadt.

Lassen Sie sich vom Wasser leiten und durch die Stadt spülen: Sie werden schnell bemerken, dass Hamburg sich mehr denn je im Wandel befindet. Die stetig wachsenden Einwohnerzahlen sprengen die Kapazität der Stadt, an vielen Orten lässt sich die Stadterweiterung und -erschließung oder auch die Umgestaltung neuer und alter Gebiete beobachten – von Rothenburgsort über Steinwerder und Wilhelmsburg bis zur *Hafencity*. Dabei wird die Stadt mal mit viel Glas und Stahl neu erfunden und modern interpretiert, mal wird auf identitätsstiftende Baumaterialien wie Klinker und Backstein zurückgegriffen – und mal wird beides vermischt. Bahnsteigbrücken an der Kellinghusenstraße werden rekonstruiert, Häuserblocks in Ottensen revitalisiert und alte Markthallen und Kaffeebörsen zeitgemäß umgenutzt. Die *Stadthöfe* in der Hamburger Innenstadt sind das neueste architektonische Highlight – mit viel Aufwand und Liebe zum Detail ist eine Hoflandschaft entstanden, die einzigartig und wenn überhaupt mit den Hackeschen Höfen in Berlin zu vergleichen ist.

Auch der Stadtteil *Wilhelmsburg* steht im Rampenlicht. Im Rahmen der Internationalen Bauausstellung 2013 wurden bisher 70 verschiedene

DOCKLAND

Projekte auf der Elbinsel realisiert: Wohnhäuser und Bildungseinrichtungen, neue Orte für Kreative, Energiebunker und Parks. Alle für sich kleine Wunder der Architektur: Da ist das BIQ mit einer Fassade, in der die Energie von Algen produziert wird, der Woodcube, ein Wohngebäude in Vollholzbauweise, oder das grüne Smart-Haus, ein Wohnhaus, das mehr Energie produziert, als es selber verbraucht. Trotz der modernen Bauten verliert Wilhelmsburg dabei zum Glück weder sein Multikulti- noch das raue Hafenarbeiter-Flair.

Dem Umbau in der Stadt stehen einmalige architektonische Denkmäler gegenüber, lebhaft spürbar an den denkmalgeschützten Sehenswürdigkeiten Hamburgs: das Kontorhausviertel mit dem *Chilehaus,* die historische *Deichstraße* mit ihren Fachwerkhäusern und natürlich die *Speicherstadt* mit ihren beeindruckenden Lagerhäusern und den sechs Fleeten, überspannt von rund zwanzig wunderschönen Brücken. Und bei einem Spaziergang durch das geschichtsträchtige *Gängeviertel,* das von einer Bürgerinitiative vor dem Verfall und Verkauf gerettet wurde und nun ein Raum für Neues ist, lässt sich Kunst im öffentlichen Raum entdecken.

Wer ein bisschen weiter rausfährt, immer an der Elbe entlang, gelangt schließlich zum romantischen *Treppenviertel* in Blankenese, ein Kleinod aus lauter verwinkelten Gassen, Häuschen und Kleingärten. Wer die zig Stufen nach unten läuft, hat einen wunderschönen Ausblick auf die Elbe – und auf Hamburgs bislang größte architektonische Herausforderung: die *Elbphilharmonie.* Nach anfänglichen Bau-Querelen hat die „Elphi", wie sie liebevoll von den Hamburgern genannt wird, sich schnell einen Platz in den Herzen erobert, aus Hamburgs Skyline ist sie sowieso nicht mehr wegzudenken.
— LISA VAN HOUTEM

SPEICHERSTADT

## ALTSTADT

### Alter Elbtunnel

Wer den Alten Elbtunnel noch nicht live bewundert hat, kennt ihn vermutlich von zig Künstler- oder Bandporträts, die 24 Meter unter der Erde geschossen wurden. Zu verlockend ist der Charme der hellgelb gekachelten Tunnelröhre mit ihrer schmalen grauen Fahrbahn. 1911 wurde der St. Pauli-Elbtunnel eröffnet, der damals als technische Sensation galt und seit 2003 unter Denkmalschutz steht. Mit seinen 425 Metern verbindet der Alte Elbtunnel die nördliche Hafenkante mit der Elbinsel Steinwerder. Los geht es mit dem Aufzug, der Autos und Fahrradfahrer in Fahrkörben in die Tiefe befördert. Im Tunnel läuft man an kleinen Steinreliefs vorbei, die mit Abbildungen von Muscheln, Krebsen, Fischen, aber auch Ratten die Elbe thematisieren, bevor man auf der anderen Elbseite wieder ans Tageslicht zurückkehrt und Wilhelmsburg erkunden kann.
*Bei den St. Pauli-Landungsbrücken*

### Dockland

Am besten schaut man sich ihn vom Schiff aus an, den messerscharfen Glaskomplex in Schiffsform unweit des Fischereihafens, gebaut vom Hamburger Büro BRT Architekten Bothe Richter Teherani. Das sechsgeschossige Bürogebäude, das wie ein Schiffsbug über das Wasser hinausragt, ist mit seinem Querschnitt in Form eines Parallelogramms eine architektonische Meisterleistung – und ein beliebtes Fotomotiv. Seit der Einweihung 2006 spiegeln sich in seinen Scheiben mal die Wolken, mal die Abendsonne und mal der Sonnenaufgang, immer überirdisch schön und mit einer ganz besonderen Magie. 140 Stufen sind es bis zur Dachterrasse, von der man aus die Köhlbrandbrücke bestaunen kann. Eine Besonderheit im Gebäude sind die diagonal verkehrenden Personenaufzüge.
*Van-der-Smissen-Straße 9*

## ALTSTADT

### Chilehaus

Mitten im denkmalgeschützten Kontorhausviertel, zwischen Steinstraße, Meßberg, Klosterwall und Brandstwiete, liegt das weltberühmte Chilehaus – sofort zu erkennen an der an einen Schiffsbug erinnernden Spitze, die nach Osten weist und den schönen Klinkerdetails. Das Kontorhaus im Stil des Backsteinexpressionismus des frühen 20. Jahrhunderts wurde 2015 zum

ELBPHILHARMONIE

UNESCO-Weltkulturerbe ernannt. Gebaut wurde das Haus, das mit seinen zehn Stockwerken als eines der ersten Hochhäuser Hamburgs gilt, 1922 bis 1924 von Fritz Höger. Heute befindet sich im Erdgeschoss des Chilehauses eine spannende Mischung aus gastronomischen Angeboten und Geschäften. Die Kunstgalerien im Kontorhausviertel sind nur einen Katzensprung entfernt.
*Fischertwiete 2*

### Deichstraße

Es wird einem richtig warm ums Herz, wenn man durch dieses Kleinod zwischen Innenstadt und Speicherstadt schlendert: Die historische Deichstraße am Nikolaifleet weist das letzte erhaltene Ensemble althamburgischer Bürgerhäuser auf. Die hübschen Fachwerkhäuser wurden in der frühen Neuzeit auf den Deichen gebaut, da Hamburg angesichts des zunehmenden Handels einen Aufschwung erfuhr und Lösungen für den Platzmangel in der Stadt suchte. Das letzte als Außendeichhaus erbaute barocke Hamburger Kaufmannshaus wurde 1686 errichtet und vereint Kontor-, Wohn- und Lagerhaus unter einem Dach. Heute erfreut man sich an den Ladeluken und Flaschenzügen, den hübschen Restaurants und Seemannsläden.
*Deichstraße*

### Speicherstadt

In kaum einer anderen Stadt wurde die Architektur so stark vom Außenhandel geprägt wie in Hamburg – das beste Beispiel dafür ist die Speicherstadt. Der historische Lagerhauskomplex im Hamburger Hafen, der ab 1883 auf Eichenpfählen gebaut wurde, steht seit 1991 unter Denkmalschutz und gehört seit Juli 2015 mit dem benachbarten Kontorhausviertel zum UNESCO-Weltkulturerbe. Die beeindruckenden Speicherböden, zwanzig Stahlbrücken und kleinen Fleete erzeugen eine ein-

malige Atmosphäre – vor allem abends, wenn die Backsteinbauten erleuchtet sind. Früher wurden hier Kaffee, Tee und Gewürze gelagert, heute befinden sich in den Speichern Start-up-Unternehmen, Agenturen, Teppichhändler und Museen.
*Mit der U3 bis Baumwall, dann über die Niederbaumbrücke gehen*

## BLANKENESE

### Treppenviertel

Planen Sie für einen Besuch des Blankeneser Treppenviertels viel Zeit ein: Man kann sich gar nicht sattsehen an den zig verwinkelten Gassen, den kleinen Häusern und Villen mit den hübschen Gärten und den 5.000 Stufen bis zum Elbstrand. Hinter jeder Ecke dieses Positanos des Nordens gibt es etwas Neues zu entdecken, und ist man erst mal unten angekommen, ist der Blick zurück nach oben atemberaubend. Anschließend kann man Blankenese erkunden, einst ehemaliges Fischerdorf, heute eins der teuersten Viertel auf hamburgischem Stadtgebiet. Oder man besteigt den Süllberg und hat einen traumhaften Ausblick von oben.
*Zwischen Am Kiekeberg und Strandweg*

## HAFENCITY

### Elbphilharmonie

Es gibt Parallelen, zwischen den Schicksalen der Oper von Sydney und der Hamburger Elbphilharmonie: Erstere wurde anfänglich von den Sydneysiders verachtet, dann heiß und innig geliebt. So ähnlich verhält es sich mit der „Elphi". Es war kein einfacher Start: Die Baukosten für den Entwurf der Architekten Herzog & de Meuron, der die denkmalgeschützte Backsteinfassade mit einem gläsernen Aufbau mit geschwungener Dachform versehen hat, stiegen seit dem Baubeginn 2007 aufgrund von Planungsfehlern ins Unermessliche, der Bau

wurde immer wieder unterbrochen und verzögert. An die Eröffnung wollte zwischendurch keiner mehr recht glauben, im November 2016 war es schließlich soweit. Das 110 Meter hohe Gebäude mit dem gläsernen Segel ist das neue Wahrzeichen der Stadt, da sind sich (fast) alle einig.
*Platz der deutschen Einheit 1*

## Hafencity

Manche sehen in der Hafencity, Europas größtem innerstädtischen Stadtentwicklungsprojekt, eine etwas verwaiste Trabantenstadt für Bürger aus den oberen Einkommensschichten, andere wiederum die hypermoderne Zukunft von Hamburgs Stadterweiterung am Wasser. Langsam verschmelzen die auffälligen Publikumsmagneten wie der Marco-Polo-Tower, der Holzhafen und die Magellan-Terrassen harmonisch mit den Wohnblöcken und verglasten Prachtbauten, die gepflanzten Bäume und hier ansässigen Menschen schlagen endlich Wurzeln. Fakt ist: Es gibt architektonisch kaum ein vergleichbares spannendes Quartier in Hamburg, das nahezu täglich sein Gesicht verändert.
*Mit der U4 bis Überseequartier*

# NEUSTADT

## Gängeviertel

Das Gängeviertel wurde ursprünglich mit Fachwerkhäusern bebaut, deren Wohnungen zumeist nur durch schmale Straßen, Torwege, verwinkelte oder labyrinthartige Hinterhöfe und die namensgebenden Gänge zwischen den Häusern zu erreichen waren. Eine Genossenschaft, von Künstlern, Anwohnern und Unterstützern gegründet, rettete das geschichtsträchtige Gängeviertel 2009 vor dem Verfall, Abriss und Verkauf – um in der Hamburger Innenstadt einen Raum zu schaffen, in dem Neues entstehen kann. 200 Künstler besetzten damals unter der Schirmherrschaft von Daniel Richter das Gängeviertel. Seitdem haben Gäste aus aller Welt Ausstellungen, Konzerte, Partys und Lesungen besucht oder über Stadtentwicklung diskutiert. Eine von den örtlichen Künstlern gegründete Genossenschaft verwaltet die Häuser nach der Sanierung. Sie verhandelt stetig mit der Stadt Hamburg über die Zukunft des Viertels.
*Valentinskamp 39*

## Stadthöfe

Sie sollen die Hamburger Innenstadt noch lebendiger machen – die neuen Stadthöfe. Seit 2013 sind unter der Leitung des Architekten David Chipperfield Wohnungen,

TANZENDE TÜRME

GÄNGEVIERTEL

**MARCO-POLO-TOWER, HAFENCITY**

Läden, Restaurants und Büros entstanden. Sie halten Einzug in einem charmanten Gebäudekomplex, dessen Dach von einer historischen Stahl-Konstruktion gehalten wird, während großzügige Arkadenfenster zu den Fleeten hin an moderne Loft-Architektur erinnern. Der Komplex mutet wie ein in sich geschlossenes Flanierviertel an, das fast nahtlos in die benachbarten Areale wie dem Neuen Wall oder den Bereich um das Bleichenhof Parkhaus übergeht. Im Eingangsportal zeugen Stadtwappen in den freigelegten Lünettenmalereien von der Geschichte des Gebäudes. Alte Mosaik- und Terrazzoböden wurden freigelegt und behutsam durch neue, den alten nachgebildete Materialien ergänzt. Aber auch die Geschichte des Gebäudes – wird nicht vergessen – in dem Gebäudekomplex amtierte ab 1933 die Gestapo, Gedenktafeln und -ecken erinnern an die Verbrechen, die in dieser Zeit begangen wurden.
*Stadthausbrücke 4*

## ST. PAULI

### Tanzende Türme
Es ist schon passend, Hamburgs sündige Meile, die am Wochenende mehr Promille als so manche Kleinstadt hat, durch zwei beschwipste Türme zu betreten. Schuld sind nicht die Promille, sondern Stararchitekt Hadi Teherani, der die zwei Türme, 85 und 75 Meter hoch, aus Glas und Stahl mit der geknickten Fassadenkonstruktion entworfen hat. Sie sollen nach eigener Aussage einen Mann und eine Frau symbolisieren, die Tango tanzen. In dem Gebäudekomplex sind hauptsächlich Büros untergebracht, ganz oben befindet sich die Clouds Bar mit Dachterrasse, im Erdgeschoss und auf zwei Ebenen im Untergeschoss ist der Musikclub Mojo Club eingezogen.
*Reeperbahn 1*

## WILHELMSBURG

### Quartier Wilhelmsburg
1962 markiert das Jahr der großen Sturmflut, die Wilhelmsburg komplett verwüstete. Richtig erholt hat sich das Quartier, das zu einem Problemstadtteil degradiert wurde, nie. Seit der Internationalen Bauausstellung IBA 2013 zieht in Wilhelmsburg die Moderne ein – hier entsteht eines der größten Stadtentwicklungsprojekte Europas. 70 Projekte wurden mittlerweile auf einer der größten bewohnten Flussinseln Europas, im Harburger Binnenhafen und auf der angrenzenden Veddel realisiert. Dabei geht es neben der Beseitigung von Altlasten und einer besseren Anbindung der Stadtteile südlich der Norderelbe an die Hansestadt vor allem um Perspektiven für die Kinder und Jugendlichen sowie um zukunftsweisende Wohnungsneubauten. Aber auch darum, ursprüngliche Anwohner nicht zu verdrängen und das Multikulti-Herz des Stadtteils zu erhalten. Heute kann man bei einem Ausflug auf die Insel zahlreiche architektonische Wunder bestaunen: Hybridhäuser mit veränderbaren Räumen, intelligente Klimahäuser oder futuristische Holzhäuser wie das Wälderhaus, das sich dem Thema Wald widmet.

HEJ PAPA

# Essen & Trinken

HAMBURGS GASTRO-SZENE VERFÜHRT
MIT KREATIVER GOURMETKÜCHE,
EINEM MIX AUS REGIONALEM UND
INTERNATIONALEM, LÄSSIGEN CAFÉS
UND LIEBE ZUM HANDWERK.

*JUNGE, KREATIVE KÜCHE* auf Gourmet-Niveau, neue Kaffeeröster und ein Mix aus Regionalem und Internationalem machen Hamburgs Gastro-Szene aufregend.

Wer denkt, Hamburg hätte kulinarisch nur Fischbrötchen und Labskaus zu bieten, der irrt gewaltig. Gerade in den letzten Jahren haben eine ganze Reihe neuer Restaurants eröffnet, die von jungen, kreativen Köchen und Köchinnen betrieben werden. Aus regionalen Zutaten und verschiedenen internationalen Einflüssen – von französisch über österreichisch bis japanisch – kreieren sie eine abwechslungsreiche, moderne Küche auf hohem Niveau. Dazu gehört auch, dass die Gerichte kunstvoll auf den Tellern angerichtet werden und dass sich dieser visuelle Anspruch auch in der Gestaltung der Restaurants wiederfindet. Die Rede ist jedoch nicht von prominenter Sternegastronomie, sondern von kleinen Lokalen, die oft nur wenig Platz bieten, sodass die Gäste nah beieinander sitzen, die mit viel Liebe betrieben werden und so heiß begehrt sind, dass es häufig etwas Glück braucht, einen Tisch zu ergattern (viele von ihnen werden im Kapitel „Fusion & Saisonal" vorgestellt, aber auch die Küche Lateinamerikas, wie im *Salt & Silver* oder *Leche de Tigre,* ist gerade sehr angesagt). In der Regel finden es die Gäste gar nicht schlimm, wenn sie sich nicht gleich setzen können, weil sie dann Gelegenheit haben, an der Restaurantbar einen der exzellenten Aperitif-Cocktails zu trinken. Dank dieser Lokale ist es auch bei einem jüngeren Publikum Trend geworden, zu zweit oder mit Freunden essen zu gehen und aus dem Restaurantbesuch ein abendfüllendes Programm zu machen.

Aber auch für einen schnellen Lunch oder ein kleines Abendessen finden sich in Hamburg hervorragende Optionen – vom Food-Truck übers lässige Bio-Café bis zum preiswerten Mittagstisch im gehobenen Lokal. Kaum ein Café oder Restaurant, das keine wechselnde Mittagskarte anbietet – eine gute Möglichkeit, hochpreisige Lokale zu einem weitaus günstigeren Preis kennenzulernen.

Und wer schon morgens gerne außer Haus essen möchte, hat die Qual der Wahl zwischen dutzenden ausgezeichneten Frühstücks-Spots, die Müsli, Pancakes, frisches Gebäck und verschiedene Frühstücksteller à la carte anbieten. Brunch-Buffets finden sich seltener in Hamburg, dafür gibt's häufig aber sehr lange, manchmal sogar bis abends, Frühstück. Dass Hamburg eine Kaffeestadt ist, wundert nicht, wenn man weiß, dass sich hier der weltgrößte Handelsplatz für Kaffee

befindet. Richtig spannend wurde es aber erst in der jüngsten Vergangenheit, als überall in der Stadt neue Kaffeeröstereien, die sich der „Third Wave Coffee"-Bewegung zuordnen, aufgemacht haben. Kaffeekenner wissen es längst: Latte Macchiato mit Aroma ist passé, Filterkaffee und Flat White sind en vogue. Die Kaffeebohnen kommen aus aller Welt, Hauptsache ist, dass sie mit Liebe zum Handwerk und zur Aromenvielfalt zubereitet werden. Da kann es, wie bei der Zubereitung im Syphon (zum Beispiel im *Stockholm Espresso Club)*, schon einmal eine Weile dauern bis der Kaffee fertig ist. Aber dafür schmeckt er unvergleichlich.

Das Pendant zur „Third-Wave-Coffee"-Bewegung in der Bierbrauerei ist das Craft Beer: in kleiner Stückzahl, dafür aber mit handwerklicher Expertise und viel Kreativität gebraut. Wer unterschiedliche Craft Biere kennenlernen will, kann sich zum Beispiel im Restaurant *Altes Mädchen* (hier finden auch mehrmals im Jahr „Craft Beer Festivals" statt) oder im Shop *Beyond Beer* durchprobieren.

Natürlich gibt es, trotz aller Neuerungen, noch immer kulinarische Institutionen in Hamburg, die nichts ihres guten Rufs und Charmes verloren haben. Dazu zählen das Gourmet-Restaurant im Hotel *Louis C. Jacob*, *Witthüs* und *Lühmanns Teestube* in Blankenese ebenso wie der Italiener *Cuneo* auf dem Kiez und der Japaner *Matsumi* in der Innenstadt.

Und wer in Hamburg trotzdem gerne ein Fischbrötchen essen will, der sollte unbedingt die *Brücke 10* besuchen – oder in der Kategorie „Fisch" in diesem Buch stöbern. — ANNA WEILBERG

## FRÜHSTÜCK & CAFÉS

### ALTONA

#### Café Schmidt

In der Konditorei, die ihren Hauptsitz an der Elbe hat, werden Kuchen, Torten, Tartes, Törtchen, Brote, Croissants und anderes Gebäck täglich frisch gebacken. Auch Frühstück steht auf der Karte. Der Besuch lässt sich super mit einem Spaziergang am Wasser verbinden.

*Große Elbstraße 212,*
*Tel.: 040/41 30 67 10 13,*
*www.cafeschmidt.com, Öffnungszeiten:*
*Mo–So 8–18 Uhr*

KLIPPKROOG

#### Klippkroog

In diesem entspannten Café mit Industrie-Chic-Flair findet man den ganzen Tag über Leckeres: vom Frühstück über den Mittagstisch, Kaffee und Kuchen bis zur Abendkarte. Alles wird aus regionalen Zutaten gemacht.

*Große Bergstraße 225,*
*Tel.: 040/57 24 43 68, www.klippkroog.de,*
*Öffnungszeiten: Mo–Sa 9–24 Uhr,*
*So 9–18 Uhr*

#### Rain Cafeatery

Top!

Hier treffen sich die cool Kids zum Pancake- oder Granola-Frühstück, auf ein Avocado-

brot und hausgemachten Smoothie oder abends auf ein Craft Beer oder einen Vodka Lemonaid.

*Große Rainstraße 15, Tel.: 040/30 39 11 30,*
*www.rain-cafeatery.de, Öffnungszeiten:*
*Mo–Mi 9–18 Uhr, Do–Sa 9–22 Uhr,*
*So 9–18 Uhr*

### BLANKENESE

#### Lühmanns Teestube

Uwe und Monika Lühmann haben zwischen alten Möbeln und frischen Blumen eine urgemütliche Teestube geschaffen, die seit über 20 Jahren eine beliebte Anlaufstelle für Frühstück, hausgemachten Kuchen oder warme Gerichte ist. An Sonn- und Feiertagen gibt es Frühstücksbuffet.

*Blankeneser Landstraße 29b,*
*Tel.: 040/86 34 41,*
*www.luehmanns-teestube.de,*
*Öffnungszeiten: Mo–Fr 9–23 Uhr,*
*Sa 9–18 Uhr, So 10–23 Uhr*

#### Witthüs

Im Witthüs ist die Welt noch in Ordnung. Das Café in einem reetgedeckten Landhaus aus dem 18. Jahrhundert liegt idyllisch an der Elbchaussee. Nachmittags ist es Café und Teestube mit hausgemachten Kuchen, abends Restaurant. Sonn- und feiertags gibt's Brunchbuffet.

*Elbchaussee 499a, Tel.: 040/86 01 73,*
*www.witthues.com,*
*Öffnungszeiten: Di–Sa 14–23 Uhr,*
*So & feiertags 10–23 Uhr*

### EIMSBÜTTEL

#### Glück und Selig

In diesem niedlichen, kleinen Café, das an ein Puppenhaus erinnert, servieren zwei Freundinnen guten Kaffee, üppige Frühstücksteller, Kuchen, frische Waffeln und warme Panini.

BALZ UND BALZ

schmeckt der Kaffee hervorragend und die schwedischen Zimtschnecken auch. Kreative Stullen stehen auch auf der Karte, sowie hausgebackene Blechkuchen und am Wochenende ganztags Frühstück.
*Lehmweg 6, Tel.: 040/60 43 88 33,*
*www.balzundbalz.de, Öffnungszeiten:*
*Di–Fr 8–18 Uhr, Sa & So 9–17 Uhr*

*Heußweg 97, Tel.: 040/32 51 89 75,*
*www.glueck-und-selig.de,*
*Öffnungszeiten: Di–So 9–18 Uhr*

### Speisekammer
Besonders an den Wochenenden wird es in diesem kleinen Café schnell voll. Wenn man das leckere Frühstück probiert, versteht man warum. Bei schönem Wetter sitzt es sich auf der Veranda besonders gut.
*Weidenstieg 5 a, Tel.: 040/40 18 81 24,*
*www.hamburg-speisekammer.de,*
*Öffnungszeiten: Mo & Mi–Sa 9–18 Uhr,*
*So 10–18 Uhr*

## EPPENDORF

### Café Lindtner
In dieser klassischen Konditorei werden täglich frisch saisonale Kuchen und Torten gebacken – besonders berühmt ist der Baumkuchen. Auch Pralinen und Petit Fours werden hier von Hand hergestellt. Probieren kann man die Leckereien im Café oder auf der Terrasse.
*Eppendorfer Landstraße 88,*
*Tel.: 040/480 60 00,*
*www.konditorei-lindtner-de,*
*Öffnungszeiten: Mo–Sa 8.30–19.30 Uhr,*
*So 10–19.30 Uhr*

## HOHELUFT

### Balz und Balz
In diesem schönen, angesagten Café

### Kropkå
Mal kein niedlich-mädchenhaft eingerichtetes Café in Hamburg, sondern eins mit etwas dunklerer Atmosphäre. Im Kropkå tischen Katrin und ihr Team Frühstück (vom trendigen Avocado- bis zum soliden Mettbrot) sowie Mittagstisch auf.
*Eppendorfer Weg 174,*
*Tel.: 040/42 93 95 05, www.daskropka.de,*
*Öffnungszeiten: Di–Fr 9.30–18 Uhr,*
*Sa & So 10–18 Uhr*

### Moki's Goodies
Schönes, modernes Café mit großer Frühstücksauswahl, Smoothies und Kuchen. Zum Angebot gehören immer auch vegane, laktose- oder glutenfreie Speisen. Alles ist sehr liebevoll gemacht.
*Eppendorfer Weg 171,*
*Tel.: 040/84 89 08 33,*
*www.mokisgoodies.de,*
*Öffnungszeiten: Mo–Fr 9–15 Uhr,*
*Sa & So 10–17 Uhr*

KROPKÅ

MUTTERLAND

## INNENSTADT

### Mutterland
Mutterland ist nicht nur ein angesagter Shop für deutsche Delikatessen und Genießer-Geschenke in Hamburg, in den Filialen in der Innenstadt und in Eppendorf kann man außerdem gemütlich frühstücken, lunchen oder Kaffee trinken.
*Ernst-Merck-Straße 9, Lenhartzstraße 1 und Poststraße 14, sowie Mutterland Cölln's am Brodschrangen 1–5, Tel.: 040/28 40 79 78, www.mutterland.de, Öffnungszeiten: Mo–Sa 8–21 Uhr, So 9–19 Uhr*

### Petit Café
Dieses Traditionscafé ist bekannt für seinen Blechkuchen und Kaffee aus hauseigener Rösterei. Der Kuchen wird in der Backstube in Eppendorf gebacken, zu der auch ein Café gehört.
*Hohe Bleichen 20 und Hegestraße 29, Tel.: 040/52 59 60 90, www.petitcafe-hamburg.de, Öffnungszeiten: Di–Fr 9.30–19 Uhr, Sa 10–19 Uhr, So 10–19 Uhr*

## KAROLINENVIERTEL

### Gretchens Villa & Zuckerbude
Im Sommer kann man draußen sitzen und dem Treiben auf der belebten Marktstraße zuschauen, während man eine der viele Frühstücksvarianten genießt. Zum Café

gehört auch eine eigene Konditorei, in der neben klassischen Kuchen auch besondere Törtchen gebacken werden.
*Marktstraße 142, Tel.: 040/76 97 24 34, www.gretchens-villa.de, Öffnungszeiten: Di–So 10–18 Uhr*

## NEUSTADT

### Café Johanna
In diesem modernen Bio-Café treffen sich nicht nur die Mitarbeiter des nahe gelegenen Gruner+Jahr Verlags zum kleinen Frühstück, leckeren Mittagessen (wechselnde Tageskarte mit Salaten, Bowls und Quiche) oder auf einen Kaffee.
*Venusberg 26 C, Tel.: 01578/792 58 91, www.cafejohanna.de, Öffnungszeiten: Mo–Fr 8–18 Uhr, Sa 10–18 Uhr*

### Hej Papa
**Top!**
Das helle, moderne Café ist eine super Adresse zum Lunch in der Innenstadt. Der Mittagstisch mit Pasta, Burgern und Salaten wechselt täglich.
*Poolstraße 32, Tel.: 040/66 87 27 47, www.hej-papa.de, Öffnungszeiten: Mo, Di, Do, Fr 9–16.30 Uhr, Sa & So 10–16.30 Uhr*

JÖ MAKRÖNCHEN

## OTTENSEN

### Jö Makrönchen

In diesem Café mit offener Backstube fertigen eine Hamburgerin und ein Schweizer echte Schweizer Makrönchen in dutzenden Sorten – von Klassikern wie Zitrone oder Karamell bis zu Eigenkreationen wie Champagner, Lavendel und Kokosnuss.
*Friedensallee 6, Tel.: 040/94 78 00 65, www.joe-makroenchen.de, Öffnungszeiten: Di–Fr 11–18.30 Uhr, Sa 11–17 Uhr*

### Liebes Bisschen

Das „Café und Tortenmanufaktur" in einem hellen Lokal mit Retro-Flair ist auf raffinierte Torten und Petit Fours spezialisiert – von schokoladig bis fruchtig. Auch viele vegane Kuchen!
*Spritzenplatz 5, Tel.: 040/32 96 78 24, www.liebes-bisschen.de, Öffnungszeiten: Mo–Fr 8–19 Uhr, Sa & So 10–19 Uhr*

## ROTHERBAUM

### Salon Wechsel Dich

In diesem Café gibt es nicht nur sehr leckere Waffeln (süß und herzhaft!) – eine Besonderheit ist auch, dass man das ganze Mobiliar, von Tischen und Stühlen über Teller und Tassen bis zu Wohn-Accessoires von kreativen Jungdesignern kaufen kann.
*Grindelhof 62 und Marktstraße 142, Tel.: 040/32 03 98 89, www.salonwechseldich.de, Öffnungszeiten: täglich 10–18 Uhr*

CAFÉ JOHANNA

## STERNSCHANZE

### Herr Max

**Top!**

Weiße und hellblaue Wandkacheln, altes Porzellan und dazu eine kreative Auswahl an Kuchen, Torten und Muffins. Herr Max ist ein zuckersüßes Erlebnis, das glücklich macht. Wer möchte, kann hier auch einen Patisseriekurs belegen.
*Schulterblatt 12, Tel.: 040/69 21 99 51, www.herrmax.de, Öffnungszeiten: täglich 10–21 Uhr*

## ST. GEORG

### Café Gnosa

Das bekannteste schwul/lesbische Café in Hamburg, das sich mit seinem großartigen Kuchen über die Szene hinaus einen Namen gemacht hat. Frühstück und warme Speisen bekommt man hier auch.
*Lange Reihe 93, Tel.: 040/24 30 34, www.gnosa.de, Öffnungszeiten: täglich 10–18 Uhr*

HERR MAX

WEITER AUF SEITE 80 ➜

*Vintage & Rags* – Kurze Mühren 6, Innenstadt / *Pick & Weight* – Beim Grünen Jäger 16, Sternschanze / *Hello Love* – Eppendorfer Weg 283, Eppendorf / *Alpe Altona* – Friedensallee 32, Ottensen / *Hamburger Dom* – Heiligengeistfeld, St. Pauli / *Rain Cafeatery* – Große Rainstraße 15, Ottensen / *Zur scharfen Ecke* – Davidstraße 3, St. Pauli / *Uebel & Gefährlich* – Feldstraße 66, St. Pauli

# Aminata Belli

—

YouTuberin & Journalistin

*Du bist ein großer Vintage-Fan. Was sind deine liebsten Vintage-Läden in Hamburg?*

Meine absoluten Favoriten sind *Vintage & Rags* in der Nähe vom Hauptbahnhof und *Pick & Weight* in der Schanze – hier bezahlt man seine Ausbeute nach Kilopreisen.

*Dein Lieblingsladen für Mode & Beauty?*

Ich schaue regelmäßig im Concept-Store *Hello Love* in Eppendorf vorbei.

*Was ist dein liebstes Viertel in Hamburg und warum?*

Ich bin vor kurzem nach Ottensen gezogen und bereits großer Fan des bunten Viertels. Ich mag besonders das Restaurant *Alpe Altona*. Vom Carrot-Cake über die bayerische Cola bis zum Knödel – das Essen ist dort einfach nur erste Sahne!

*Du bist in einer Schaustellerfamilie aufgewachsen. Welches Karussell muss man auf dem Hamburger Dom unbedingt fahren?*

Das ist bei mir Tagesform abhängig: mal ist es die Wilde Maus und an einem anderen Tag das Riesenrad – hier hat man den ultimativen Blick über Hamburg.

*Der beste Foto-Spot in Hamburg ist …*

… am Fenster hinten rechts in der *Rain Cafeatery* in Ottensen – das ist eine tolle Mischung aus Frühstücks-Café, Bistro und Bar.

*Die besten Orte in Hamburg zum Feiern?*

Ich bin am Wochenende gerne in der Kneipe *Zur scharfen Ecke* in der Davidstraße, direkt neben dem Kiez, und im *Uebel & Gefähr-lich*, ein Musikclub in dem Hochbunker auf dem Heiligengeistfeld. Meine Lieblingsorte zum Feiern ändern sich aber ständig!

## ST. PAULI

### Café Mimosa

Von der hausgemachten warmen Brioche am Morgen über den Mittagstisch bis zum Kuchen wird in diesem kleinen Café alles mit Liebe gemacht.
*Clemens-Schultz-Straße 87, Tel.: 040/32 03 79 89, www.cafemimosa.de, Öffnungszeiten: Mi–So 10–19 Uhr*

### Kaffee Stark

Das lässige, gemütliche Kaffee Stark mitten in St. Pauli ist für ein spätes Frühstück (auch vegan) mit Fairtrade-Kaffee genauso beliebt wie fürs Feierabendbier oder Drinks am Abend.
*Wohlwillstraße 18, Tel.: 040/67 38 20 60, www.kaffeestark.de, Öffnungszeiten: täglich 10–24 Uhr*

## WINTERHUDE

### Frau Larsson

Grüße aus Schweden! Hier gibt's Kanelbullar, Köttbullar und andere schwedische Köstlichkeiten – Frühstück, „Fika" und einen wechselnden Mittagstisch – in hübschem Ambiente.
*Peter-Marquard-Straße 13, Tel.: 040/76 97 93 57, www.fraularsson.de, Öffnungszeiten: Mi–Mo 10–18 Uhr*

### Paledo

*Im „Superfood Deli" ist alles glutenfrei, laktosefrei und zuckerfrei. Vom Frühstück mit Acai Bowls und Chia Pudding über Superfood Bowls und Sandwiches bis zu Smoothies. Vieles ist vegan!*

*Mühlenkamp 1, Tel.: 040/69 45 44 66, www.paledohamburg.de, Öffnungszeiten: Di–Fr 8–18 Uhr, Sa & So 10–17 Uhr*

## Kaffeeröstereien & Coffeeshops

Kaffee spielt in Hamburg eine besondere Rolle. Schließlich entstand in der Speicherstadt Ende des 19. Jahrhunderts der größte Kaffeemarkt der Welt – und noch heute ist Hamburg der weltgrößte Handelsplatz für die dunklen Bohnen. Da überrascht es nicht, dass man in Hamburg eine Reihe hervorragender Kaffeeröstereien findet, die exzellenten Kaffee verkaufen und zubereiten. Besonders in den letzten Jahren erlebte Hamburg einen neuen Kaffee-Boom, als überall in der Stadt junge, moderne Kaffeeröstereien eröffneten. Das Handwerk wird groß geschrieben und viel Wert auf Qualität gelegt. Hier bekommt man alles vom cremigen Flat White bis zum Cold Brew Coffee – und natürlich Bohnen für jeden Geschmack zum Mitnehmen.

### Codos

Dieser kleine Coffee Shop ist schnell übersehen – aber das wäre schade! Schließlich bekommt man hier sehr

guten Kaffee zum Mitnehmen, und Frozen Joghurt gibt es auch. Der zweite Laden in Ottensen ist größer.
*Bartelsstraße 26 und Bahrenfelder Straße 156, Tel.: 040/30 74 73 34, www.facebook.com/codos.hh, Öffnungszeiten: Mo–Fr 8-18 Uhr, Sa 10-18 Uhr, So 11-17 Uhr*

## Elbgold

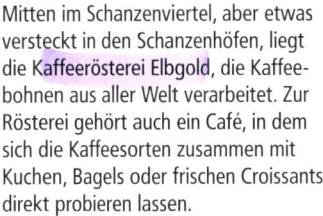

Mitten im Schanzenviertel, aber etwas versteckt in den Schanzenhöfen, liegt die Kaffeerösterei Elbgold, die Kaffeebohnen aus aller Welt verarbeitet. Zur Rösterei gehört auch ein Café, in dem sich die Kaffeesorten zusammen mit Kuchen, Bagels oder frischen Croissants direkt probieren lassen.
*Lagerstraße 34c, Tel.: 040/23 51 75 20, www.elbgold.com, Öffnungszeiten: Mo–Fr 8–19 Uhr, Sa & So 9–19 Uhr*

## Less Political

Lässiges Café mit Industrie-Interieur und einer Liebe zu gutem Filterkaffee. Das passende Zubehör kann man hier auch kaufen.
*Sternstraße 68, Tel.: 040/33 98 82 98, www.lesspolitical.de, Öffnungszeiten: Mo–Fr 8.30–19 Uhr, Sa & So 10–18 Uhr*

## Milch

In diesem hübschen Laden im Portugiesenviertel schmeckt der Kaffee superlecker – egal, ob als Espresso, Cappuccino oder Iced Coffee. Auch die heiße Schokolade ist exzellent.
*Ditmar-Koel-Straße 22, Tel.: 040/20 94 90 35, www.facebook.com/milchfeinkost, Öffnungszeiten: Mo–Fr 8.30–18 Uhr, Sa & So 10–18 Uhr*

## Nordcoast Coffee Roastery

Hier haben sich zwei Kaffeeexperten zusammengetan, um 2015 ihre eigene Rösterei zu eröffnen. 1A-Sorten in schicker Verpackung. Zum Kaffee vor Ort gibt es Panini, Waffeln, Frühstück und Kuchen.
*Deichstraße 9, Tel.: 040/36 09 34 99, www.nordcoast-coffee.de, Öffnungszeiten: Mo–Fr 9–18 Uhr, Sa & So 10–18 Uhr*

## Playground Coffee

Tolles Mitbringsel: Die Verpackungen der Kaffeesorten mit kreativen Namen sind Kunstwerke – und das werden Connaisseure auch über die Aromen sagen.
*Grindelhof 33 und Detlev-Bremer-Straße 21, Tel.: 0170/308 96 36, Öffnungszeiten: Mo–Fr 9–18 Uhr, Sa & So 10–18 Uhr*

## Public Coffee Roasters

Geröstet wird in Rothenburgsort, liebevoll zubereitet im Hamburger Laden, in dem es neben Kaffeespezialitäten auch eine gute Auswahl an Lifestyle-Zeitschriften zum Schmökern gibt.
*Wexstraße 28, Goldbekplatz 1 und Brandstwiete 3, Tel.: 0176/93 17 15 80, www.publiccoffeeroasters.com, Öffnungszeiten: Mo–Fr 8.30–18 Uhr, Sa & So 10.30–17 Uhr*

## Speicherstadt Kaffeerösterei

Traditionelle und touristische Kaffeerösterei in der Speicherstadt, die ein großes Café und einen Laden mit umfangreichem Sortiment beinhaltet. Auch Kaffeeverkostungen werden hier angeboten.
*Kehrwieder 5, Tel.: 040/53 79 98 510, www.speicherstadt-kaffee.de, Öffnungszeiten: Mo–So 10–19 Uhr*

## Stockholm Espresso Club

Stylishes Café, dessen schwedischer Besitzer genauso aussieht wie der Mann auf dem Logo des Stockholm Espresso Club. Wer einen frisch gebrühten Kaffee aus dem Syphon bestellt, bekommt ein kleines Spektakel geboten – und das Ergebnis schmeckt bemerkenswert.

*Peter-Marquard-Straße 8,*
*Tel.: 0160/48 37 361,*
*www.stockholmespressoclub.de,*
*Öffnungszeiten: Mo–Fr 8–18 Uhr,*
*Sa & So 10–18 Uhr*

## Tornqvist Coffee

Es begann mit einem kleinen, schicken Kaffeewagen; jetzt hat Linus ein dauerhaftes Café eröffnet, in dem er aus direkt gehandelten, in Stockholm gerösteten Bohnen erstklassige Kaffeekreationen zaubert. Das Café: modern, minimalistisch, cool – typisch schwedisch eben.

*Neuer Pferdemarkt 12,*
*Tel.: 0151/14 00 40 10,*
*www.tornqvistcoffee.com, Öffnungszeiten:*
*Mo–Fr 9–18 Uhr, Sa & So 10–18 Uhr*

## Torrefaktum

Wenn hier geröstet wird, zieht das Aroma durch ganz Ottensen. In dem von der Inhaberin gestalteten Laden kann man dann die verschiedenen Sorten und Röstungen, zusammen mit kleinen Leckereien, probieren. Mittlerweile gibt es zwei weiteren Filialen.

*Bahrenfelder Straße 237, Speersort 1 und*
*Yokohamastraße 10, Tel.: 040/39 89 37 70,*
*www.torrefaktum.de, Öffnungszeiten:*
*Mo–Fr 8–19 Uhr, Sa 10–18 Uhr*

## *Eisdielen*

### EIMSBÜTTEL

### Eiszeit

Von Marzipaneis über Quarkeis mit Holunder bis zu „Kalter Hund"-Eis mit Keksen ist in der großen, wechselnden Auswahl definitiv für jeden Geschmack etwas dabei. Neben Eimsbüttel gibt es auch Filialen in Winterhude und Eppendorf. Im Winter Pause.

*Müggenkampstraße 36, Eppendorfer*
*Landstraße 33, Mühlenkamp 46,*
*Tel.: 040/40 44 34, www.eiszeit-eis.de,*
*Öffnungszeiten: täglich 12–18 Uhr*
*(im Sommer länger)*

### NEUSTADT

### Eiskantine

Neben besonderen Eissorten bietet dieses Café auch fairen Kaffee, Quiches, Panini und Gebäck an.

*Kohlhöfen 10, Tel.: 040/18 04 84 24,*
*www.eiskantine.com, Öffnungszeiten:*
*Di–Fr 12–18 Uhr, Sa & So 11–18 Uhr*

## OTTENSEN

### Eisliebe

In dieser Eisdiele muss man unbedingt Sorten wie Lakritz, Pinie, Crema di Riso mit Beerensauce und Mohn probieren. Auch in Eppendorf gibt es eine Filiale. Im Winter ist Pause.

*Bei der Reitbahn 2, Eppendorfer Weg 170, Tel.: 040/39 80 84 82, Öffnungszeiten: täglich 12–20 Uhr (im Sommer länger)*

### Eisprinzessinnen

Die Freundinnen Lara und Katrin machen Eissorten wie Apfel-Sellerie, Caramel-Fleur de Sel, Erdnuss-Schoko-Crunch, Lakritz, Franzbrötchen, Milchreis, Zimt und viele viele Weitere. Im Winter Pause.

*Am Rathenaupark 15, Tel.: 040/68 89 42 21, www.eisprinzessinnen.de, Öffnungszeiten: Di–So 12–18 Uhr*

## STERNSCHANZE

### Die Eisbande

Neben Klassikern gibt es hier viele vegane Sorten – von Hanfeis bis veganes Cheesecake-Eis. Im Winter ist Pause.

*Bartelsstraße 1, Tel.: 040/350 71 65 30, Öffnungszeiten: täglich 11.30–20 Uhr*

### Eis Schmidt

Leckere Eissorten von cremig-süß bis fruchtig-leicht, und auch veganes Eis – allerdings sind die Preise stattlich. Auch hier ist im Winter Pause.

*Schulterblatt 78, Eppendorfer Landstraße 96 und Ottenser Hauptstraße 37, www.eis-schmidt.com, Öffnungszeiten: täglich 12–22 Uhr*

## ST. PAULI

### Luicella's

Schwer zu sagen, welche Eissorte hier am besten schmeckt: Karamell-Salz, Joghurt-Sanddorn, Zitrone-Thymian, Franzbrötchen, Oreo, … ? Welche kreativen Sorten es gibt, erfährt man tagesaktuell auf Facebook. Es ist auch immer veganes Eis dabei. Im Winter Pause.

*Detlev-Bremer-Straße 46 und Lange Reihe 113, Tel.: 040/94 79 30 09, www.luicellas.de, Öffnungszeiten: Mo–So 12–20 Uhr*

## UHLENHORST

### Delzepich Eis

Hier gibt es keine Kugeln, das Eis wird großzügig aufs Hörnchen geschmiert. Die Sorten sind täglich anders, immer kreativ und immer wahnsinnig lecker. Sesam-Krokrant, Pancake-Ahornsirup, Litschi, Honig, Holunder, … jeden Tag überraschend! Im Winter Pause.

*Winterhuder Weg 67, www.delzepicheis.de, Öffnungszeiten: täglich ca. 13–18 Uhr*

# Vegetarisch & Vegan

## ALTONA

### Liberty Eis

Neben hausgemachtem veganen Eis in
vielen Sorten bekommt man hier auch
vegane Kuchen und Torten, Sandwiches
und sonntags veganes Frühstück.
*Fischmarkt 11, Tel.: 040/22 60 66 06,
www.liberty-hamburg.de,
Öffnungszeiten: Mo–So 10–17 Uhr*

## EPPENDORF

### Tassajara

Die Speisekarte dieses alteingesessenen
vegetarischen Restaurants umfasst internationale Gerichte wie Pasta, Pfannenge-
richte, Enchilada, Curry, Antipasti, vegetarische Desserts und Vollwert-Kuchen. Auch
viele vegane Optionen!
*Eppendorfer Landstraße 4,
Tel.: 040/48 38 01, www.tassajara.de,
Öffnungszeiten: Mo–Sa 11.30–23 Uhr*

## GRINDELVIERTEL

### La Monella

Vegetarischer Italiener in einem schönen
Souterrain-Lokal. Die Auswahl an Speisen
ist riesig, besonders die hausgemachte
Pasta ist zu empfehlen.
*Hallerplatz 12, Tel.: 040/45 61 62,
www.lamonella.de, Öffnungszeiten:
Mo–Fr 12–15 Uhr & 18–23 Uhr,
Sa 18–23 Uhr*

## INNENSTADT

### Mad about Juice

„Fresh Juices & Superfood Snacks" lautet hier
das Motto. Alle, die gerne gesund essen
und trinken und bereit sind, dafür den „Trend-
Aufschlag" zu zahlen, sind hier genau richtig.
Es gibt Säfte, Smoothies, Bowls, Salate,
Sandwiches und mehr. Dreimal in Hamburg.
*Dammtorstraße 29–32, Mühlenkamp 12,
und Osterstraße 133,
www.madaboutjuice.de, Öffnungszeiten:
Mo–Fr 8–19 Uhr, Sa & So 9–18 Uhr*

HAPPENPAPPEN

LA MONELLA

Max-Brauer-Allee 277,
Tel.: 040/18 00 43 82, www.mamaknows.de,
Öffnungszeiten: Mo–Di 9–18 Uhr,
Mi–Fr 9–19 Uhr, Sa & So 10–19 Uhr

## ST. GEORG

### Oh my Juice
Neben täglich frisch gepressten Säften und
hausgemachter Mandelmilch bekommen
Gesundheits-Fans in diesem Café auch
Frühstück, Salate, Brote und Snacks zum
Mitnehmen. Kaffee gibt's, trotz aller
Fitnessliebe, auch.
Schmilinskystraße 30, Tel.: 040/30 71 60 90,
www.ohmyjuice.de, Öffnungszeiten:
Mo–Fr 8–19 Uhr, Sa 10–15 Uhr

## ST. PAULI

### Happenpappen
In der „veganen Wohnküche" kommt jeden
Tag ein anderes veganes Mittagsgericht auf
den Teller, außerdem Quiches, Suppen,
Salate, Desserts und Kuchen. Montags bis
samstags gibt's abends vegane Burger und
am Wochenende #breakfastalldaylong.
Feldstraße 36, www.happenpappen.de,
Öffnungszeiten: Mo–Fr 12–22 Uhr,
Sa 10–22 Uhr, So 10–17 Uhr

## WINTERHUDE

### Froindlichst
In diesem lockeren Laden kommen Veganer
auf ihre Kosten: Pizza (auch sehr unge-
wöhnliche Sorten), Burger, Burritos, dazu
Kuchen und am Wochenende Brunch!
Gesunde Salate und Smoothies gibt es
auch. Zweites Restaurant in Ottensen.
Barmbeker Straße 169 und
Daimlerstraße 12, Tel.: 040/18 13 51 54,
www.froindlichst.com, Öffnungszeiten:
Mo–Fr 12–22 Uhr, Sa 9–22 Uhr,
So 10–22 Uhr

### Nasch
Dieses kleine, vegan-vegetarische Restau-
rant im historischen und alternativen
Gängeviertel betreiben zwei Freundinnen.
Leckerer, wechselnder Mittagstisch!
Caffamacherreihe 49, Tel.: 040/35 58 11 85,
www.facebook.com/cafenasch,
Öffnungszeiten: Di–Fr 9.30–18 Uhr,
Sa 11–18 Uhr, So 12–18 Uhr

## SCHANZENVIERTEL

### Azeitona
Beliebter Falafelimbiss, der auch viele Sitz-
plätze und eine große Restaurantkarte hat.
Hier bekommt man gute arabische Küche –
auch viele vegane Gerichte – zum kleinen
Preis. Das zweite Restaurant liegt in
Eimsbüttel.
Beckstraße 19 und Osterstraße 172,
Tel.: 040/18 00 73 71,
www.facebook.com/Olivenbaum,
Öffnungszeiten: Mo–Do 12–23 Uhr,
Fr & Sa 12–2 Uhr, So 12–23 Uhr

### Mamalicious
Wer auf (vegetarisch-veganes) American
Breakfast steht, ist hier richtig. Pancakes,
French Toast, Eggs Benedict, ... you name it.
Salate, Sandwiches und Burger gibt es
auch. Am Wochenende empfiehlt es sich,
fürs Frühstück zu reservieren.

# Italienisch

## ALTONA

### La Vela
Während die Gäste sich Linguine mit Scampi oder Steinbuttfilet auf Pilzrisotto schmecken lassen, können sie auf der Elbterrasse oder im denkmalgeschützten Backsteinhaus den vorbeifahrenden Schiffen im Hamburger Hafen zusehen.
*Große Elbstraße 27, Tel.: 040/38 69 93 93, www.la-vela.de, Öffnungszeiten: täglich 12–23 Uhr*

## EPPENDORF

### Cornelia Poletto
Hamburgs Promiköchin Cornelia Poletto kocht in ihrem gleichnamigen Restaurant mediterran-italienisch. Neben Klassikern gibt es ein wechselndes Tagesmenü. Das Restaurant ist gleichzeitig Delikatessenge-schäft – hier findet sich alles, um die Speisen zu Hause nachzukochen.
*Eppendorfer Landstraße 80, Tel.: 040/48 02 159, www.cornelia-poletto.de Öffnungszeiten: Di–Sa 11–23 Uhr*

CORNELIA POLETTO

## HOHELUFT

### Al Volo
An den langen Holz- oder hohen Bartischen kann es abends schon einmal lauter werden. Aber dafür bekommt man hier sehr gute Pizza und viele andere preiswerte italienische Gerichte.
*Eppendorfer Weg 211, Tel.: 040/43 27 59 24, www.alvolo.de, Öffnungszeiten: täglich 12–23 Uhr*

### Come Prima
In diesem gemütlichen italienischen Restaurant zaubern das Ehepaar Gonzo und ihr sardischer Chefkoch gehobene italienische Küche zu bezahlbaren Preisen auf den Teller. Die Atmosphäre ist so nett, dass man garantiert wiederkommt.
*Eppendorfer Weg 210, Tel.: 040/420 25 99, www.come-prima.de, Öffnungszeiten: Mo–Sa 18–24 Uhr*

## NEUSTADT

### Luigi's
Bunt, laut und etwas touristisch – aber der Mittagstisch für fünf Euro und der Geschmack der Pizzas ist einfach unschlagbar.
*Ditmar-Koel-Straße 21, Tel.: 040/41 28 17 18, www.luigis-restaurants.de, Öffnungszeiten: täglich 11.30–24 Uhr*

### Marblau
In schickem Ambiente genießen die Gäste hier mediterrane Gerichte von Pasta über Dorade bis Entrecôte. Werktags werden Tagesgerichte zum Lunch angeboten.
*Poolstraße 21, Tel.: 040/35 01 65 55, www.marblau.de, Öffnungszeiten: Mo–Fr 11.30–15 Uhr & 17–23 Uhr, Sa 17–23 Uhr, So 12.30–15 Uhr & 17–23 Uhr*

CUNEO

## Trattoria da Enzo

Die urige Souterrain-Trattoria in der Wexstraße genießt Kultstatus in Hamburg. An-
stelle einer Karte gibt es eine Schiefertafel,
auf der die tagesaktuellen Gerichte stehen.
Die hausgemachte Trüffelpasta gibt es zum
Glück immer. Sowohl für das erste als auch
das zweite Restaurant am Großneumarkt
gilt: besser reservieren.
*Wexstraße 34 und Am Großneumarkt 2,*
*Tel.: 040/35 71 33 66,*
*www.trattoria-enzo.de, Öffnungszeiten:*
*Mo–Fr 12–23 Uhr, Sa ab 17 Uhr*

## OTTENSEN

### Eisenstein

Die Location, eine ehemalige Schiff-
schraubenfabrik, sorgt für eine besondere
Atmosphäre. Im Sommer schmecken
die leckeren Pizzas und anderen italienischen Gerichte im schönen Innenhof
besonders gut.
*Friedensallee 9, Tel.: 040/390 46 06,*
*www.restaurant-eisenstein.de,*
*Öffnungszeiten: täglich 12–1 Uhr*

## STERNSCHANZE

### Jill

Hippe Pizzeria, die Pizza Neapolitana
(auch vegan!) anbietet. Salate und Frühstück stehen ebenfalls auf der Karte.
*Bartelsstraße 12, Tel.: 040/65 04 05 00,*
*www.facebook.com/pizzajill, Öffnungs-*
*zeiten: Mo–Fr 7.30–22.30 Uhr,*
*Sa & So 8.30–22.30 Uhr*

## ST. PAULI

### Cuneo

Dieser klassische Italiener ist der älteste in
Hamburg: 1905 wurde er, mitten auf dem
Kiez, eröffnet. Das Lokal ist gemütlich und
das Essen wie in Italien.
*Davidstraße 11, Tel.: 040/31 25 80,*
*www.cuneo1905.de, Öffnungszeiten:*
*Mo–Sa 17.45–0.30 Uhr*

### Giovanni

Buena sera! Bei Giovanni (ehemals Rocco)
werden die Gäste gerne laut begrüßt.
Wegen seiner Nähe zum Kiez ist dieses
urige Restaurant beliebt bei Jung-
gesellinnen-Gruppen, die nach dem Essen
weiterziehen.
*Wohlwillstraße 29, Tel.: 040/43 55 05,*
*Öffnungszeiten: täglich 15–0 Uhr*

### Pizza Bande

In diesem Kiezrestaurant gibt es Holztische,
Schiefertafeln und leckere Pizzas – auch
vegetarisch und vegan oder nach Wunsch
zusammenstellbar.
*Lincolnstraße 10, www.pizza-bande.de,*
*Öffnungszeiten: Mo–Do 12.30–22 Uhr,*
*Fr 12.30–23 Uhr, Sa 13.30–23 Uhr,*
*So 13.30–22 Uhr*

WEITER AUF SEITE 90 ➜

# Catharina Bernhardt

Inhaberin *Happenpappen*

*Haben Sie ein Lieblingsgericht aus Hamburg?*
Natürlich typisch Hamburg die Franzbrötchen, am liebsten mit Apfel oder Schokolade. Bei *Kamps* und *Nur Hier* gibt es zahlreiche vegane Varianten.

*Wo gehen Sie in Hamburg besonders gerne essen?*
Schwierig – ich schaffe es nicht oft, essen zu gehen. Ich liebe das Frühstück im *Caffè Latte* und abends entspanne ich gerne mit einem Bierchen bei der *Pizza Bande.*

*Welche Food-Trends spielen Ihrer Meinung nach gerade eine wichtige Rolle in Hamburg?*
Ganz klar, aber schon länger: Bowls in jeglicher Form. Ich selbst liebe es, alles, worauf ich Lust habe, in eine Schüssel zu werfen. Außerdem stehen Ramen (japanische Nudelsuppen) gerade hoch im Kurs sowie die Jackfrucht bzw. Pulled Jackfruit – ob als Sandwich oder Burger. Generell geht es immer mehr in die pflanzliche, bewusstere Küche.

*Wo kaufen Sie in Hamburg am liebsten ein?*
Es treibt mich meistens in die *Rindermarkthalle,* da sie genau zwischen meinem Laden und meinem Zuhause liegt. Der dortige Edeka ist gut sortiert und aufgestellt und die BioCompany ist auch gleich vor Ort. Davon abgesehen habe ich einen tollen Türken um die Ecke.

*Happenpappen Veganverlieht* – Feldstraße 36, Karolinenviertel / *Caffè Latte* – Wohlwillstraße 49, St. Pauli / *Pizza Bande* – Lincolnstraße 10, St. Pauli / *Rindermarkthalle* – Neuer Kamp 31, St. Pauli

## ÜberQuell

Das ÜberQuell ist BrewPub, Restaurant und Terrasse mit Urban-Gardening in einem. Was das heißt? Fans von Craft Beer und Pizza wie aus Neapel (also mit fluffigem Teig und eher wenig Belag) werden hier glücklich! Zudem kann man draußen die Hafenatmosphäre genießen.
*St. Pauli Fischmarkt 28–32,*
*Tel.: 040/334 42 12 60,*
*www.ueberquell.com, Öffnungszeiten:*
*Mo–Do 17–23.30 Uhr,*
*Fr & Sa 12–0.30 Uhr, So 12–23.30 Uhr*

## Französisch

### ALTSTADT

#### Le Plat du Jour

Typisch französische Küche – von Schnecken oder Fischsuppe über Kalbsnieren bis Profiteroles – zu einem guten Preis-Leistungs-Verhältnis, in stilvollem, gemütlichen Ambiente.
*Dornbusch 4, Tel.: 040/32 14 14,*
*www.leplatdujour.de, Öffnungszeiten:*
*täglich 12–22 Uhr*

### EIMSBÜTTEL

#### Bistro Tati

Dieses gemütliche kleine Lokal serviert ein leckeres Frühstück und eine Auswahl an

BISTRO CARMAGNOLE

CAFÉ PARIS

Crêpes und Galettes mit dem passenden Wein oder Cidre.
*Bellealliancestraße 35, Tel.: 040/18 01 76 11,*
*www.bistro-tati.de, Öffnungszeiten:*
*Mo–Fr 17–24 Uhr, Sa & So 10–24 Uhr*

### INNENSTADT

#### Café Paris

Zurecht wird das Café Paris in jedem Reiseführer empfohlen: Die Atmosphäre mit dem gefliesten Deckengewölbe erinnert an ein französisches Café der Jahrhundertwende und die typisch französische Bistroküche versetzt die Gäste sofort nach Paris.
*Rathausstraße 4, Tel.: 040/32 52 77 77,*
*www.cafeparis.net, Öffnungszeiten:*
*Mo–Fr 9–23.30 Uhr,*
*Sa & So 9.30–23.30 Uhr*

### NEUSTADT

#### Ti Breizh

Im Haus der Bretagne in der pittoresken Deichstraße serviert diese bretonische Crêperie herzhafte und süße Crêpes und Galettes in vielen Variationen. Im Sommer sind die Plätze auf dem Anlieger am Kanal die beliebtesten.
*Deichstraße 39, Tel.: 040/37 51 78 17,*
*www.tibreizh.de, Öffnungszeiten:*
*täglich 12–22 Uhr*

## SCHANZENVIERTEL

### Bistro Carmagnole

Top!

Stilvolles, kleines Bistro mit typisch französischer Küche. Es gibt keinen schöneren Ort, um Moules et frites und einen St-Germain-Cocktail zu genießen. Es empfiehlt sich, zu reservieren.

*Juliusstraße 18, www.carmagnole.kr, Öffnungszeiten: Di–Do 18–22 Uhr, Fr & Sa 18–22.30 Uhr*

## ST. GEORG

### Cox

Hier werden regionale Speisen französisch und international interpretiert, was zu Kreationen wie Tatar vom geräucherten Matjes oder gegrillter Eismeerforelle mit Ingwer-Lauch-Relish und Rote-Bete-Püree führt.

*Lange Reihe 68, Tel.: 40/24 94 22, www.restaurant-cox.de, Öffnungszeiten: Mo–Fr 12–14.30 Uhr, 18.30–23 Uhr, Sa & So 18.30–23 Uhr*

## ST. PAULI

### Haebel

Charmantes, kleines Lokal, das raffinierte Küche mit französischer Basis und nordischen Einflüssen serviert. Um Reservierung wird gebeten. Auf Facebook teilt Fabio Haebel Kochvideos und Rezepte.

*Paul-Roosen-Straße 31, Tel.: 0151/72 42 30 46, www.fabiohaebel.de, Öffnungszeiten: Mi–Sa 17.30–23 Uhr*

## Fusion & Saisonal

## ALTSTADT

### Fillet of Soul

In Museum Deichtorhallen gelegen bietet dieses Restaurant wechselnde Mittags- und Abendkarten an. Die Küche ist deutsch mit internationalen Einflüssen. Hauptgerichte kosten um 20 Euro.

*Deichtorstraße 2, Tel.: 040/70 70 58 00, www.fillet-of-soul.de, Öffnungszeiten: Di–Sa 11–0 Uhr, So 11–18 Uhr*

### Trific

Gerichte wie Rote-Beete-Salat, Moules Frites, Backhendl oder Mousse au Chocolat werden im Trific kreativ interpretiert. Die Karte umfasst auch Cocktails und eine gute Weinauswahl.

*Holzbrücke 7, Tel.: 040/41 91 90 46, www.trific.de, Öffnungszeiten: Mo–Fr 12–15 Uhr, 18–22 Uhr, Sa 18–22 Uhr*

## EIMSBÜTTEL

### Bistrot Vienna

Das Vienna liegt so versteckt, dass es trotz seiner sehr guten Küche immer noch ein Geheimtipp ist. Hier wird französisch-deutsch-italienisch-österreichisch aus frischen Zutaten gekocht. Man kann nicht reservieren, abends muss man früh da sein, um einen Tisch zu ergattern.

*Fettstraße 2, Tel.: 040/43 99 182, www.vienna-hamburg.de, Öffnungszeiten: Di–So 17–2 Uhr*

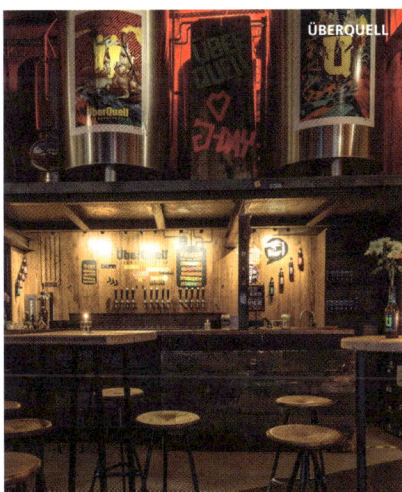

## Witwenball

Hier stimmt alles: Das Interior Design ist prunkvoll-modern mit Marmortresen und Kristalllampen. Die Abendkarte ist kreativ und saisonal. Die Weinauswahl, mit Fokus auf junge deutsche Winzer, ist riesig.

*Weidenallee 20, Tel.: 040/53 63 00 85, www.witwenball.com, Öffnungszeiten: Di–Sa 18–1 Uhr, So 17–24 Uhr*

WITWENBALL

## EPPENDORF

### Küchenfreunde

Im Sommer versprüht die Terrasse Urlaubs-flair, im Herbst und Winter wird's kuschelig am Kamin. Ein Besuch bei den Küchen-freunden mit ihren hervorragenden interna-tionalen Gerichten lohnt sich immer.

*Lehmweg 30 und Grindelhof 64, Tel.: 040/49 02 19 65, www.kuechenfreunde.net, Öffnungs-zeiten: Mo–Fr 12–15 Uhr & 18–23 Uhr, Sa 18–23 Uhr*

## OTTENSEN

### Goldene Gans

In dem gemütlich-modernen Lokal gibt es vormittags – und wochenends bis 15 Uhr –

Frühstück. Abends gehobene Bistroküche in Form von Suppen, Pasta, Fisch- und Fleischgerichten. Das Vier-Gänge-Menü kostet 38 Euro.

*Rothestraße 70, Tel.: 040/39 90 98 78, www.goldene-gans.eu, Öffnungszeiten: Mo–Sa 9–24 Uhr, So 9–23 Uhr*

### Klappe

Sehr guter Mittagstisch – ob Fleisch, Fisch oder vegan – zum fairen Preis. Gegessen wird hier draußen und das Essen durch ein Fenster– daher der Name des Lokals – herausgereicht.

*Am Sood 2, Tel.: 040/18 19 97 82, www.klappe.hamburg, Öffnungszeiten: Mo–Fr 12–15 Uhr*

### Restaurant Kleine Brunnenstraße 1

Schön gelegenes Eckrestaurant mit wech-selnder Mittagskarte und einer Abendkarte, die Pasta, Fisch, Fleisch und Vegetarisches umfasst. Alle Speisen werden wunder-schön angerichtet. Das Drei-Gänge-Menü kostet 39 Euro.

*Kleine Brunnenstraße 1, Tel.: 040/39 90 77 72, www.kleine-brunnenstrasse.de, Öffnungszeiten: Mo–Sa 12–15 Uhr & ab 18 Uhr, So ab 18 Uhr*

## ROTHERBAUM

### Basil & Mars

Moderne internationale Küche, fantas-tische Cocktails und Weine in schickem Ambiente, das die Herzen von Interior-Fans höher schlagen lässt. Wochentags Business-Lunch von 12–15 Uhr, täglich ab 18 Uhr Dinner.

*Alsterufer 1, Tel.: 040/41 35 35 35, www.basilundmars.com, Öffnungszeiten: Mo–Fr 11–24 Uhr, Sa 18–24 Uhr*

STANDARD

## ST. PAULI

### Haco

Auf der Speisekarte des HACO, das die saisonale, nordische Küche zelebriert, werden nur die Zutaten genannt – Endivie, Buchweizen Ziegenkäse, oder Ochse, Rote Bete, Thymian, zum Beispiel. Wer sich nicht entscheiden kann, wählt einfach eins der vier- bis siebengängigen Menüs.
*Clemens–Schultz–Straße 18,*
*Tel.: 040/74 20 39 39,*
*www.restaurant-haco.com,*
*Öffnungszeiten: Di–Sa 18–24 Uhr*

### Standard

Inspiriert von der italienischen Aperitivo-Kultur werden hier Getränke von frisch zubereiteten, kleinen Speisen begleitet. Diese „Stuzzichini" sind im Preis inbegriffen und wechseln jeden Abend. Schönes Interior-Design trifft Gemütlichkeit trifft superlecker!
*Große Freiheit 90, Tel.: 040/36 94 66 33,*
*www.standard.hamburg, Öffnungszeiten:*
*Di–Sa 17–22 Uhr*

## *Gourmet/gehoben*

## BLANKENESE

### Louis C. Jacob Restaurant

Gourmet-Restaurant unter der Leitung des Zwei-Sterne-Kochs Thomas Martin im historischen Louis C. Jacob Hotel an der Elbe.

Hier genießen die Gäste französische Küche in einem festlichen Saal unter Kronleuchtern.
*Elbchaussee 401–403, Tel.: 040/82 25 50,*
*www.hotel-jacob.de, Öffnungszeiten:*
*Mi–Fr 19–21.30 Uhr,*
*Sa & So 12.30–14 Uhr & 19–21.30 Uhr*

## HAFENCITY

### The Table Kevin Fehling

An einem einzelnen geschwungenen Tresen genießen die Gäste des Drei-Sterne-Kochs Kevin Fehling klassische Gerichte modern interpretiert, mit internationalen Einflüssen. Reservierungen sind Monate im Voraus nötig.
*Shanghaiallee 15, Tel.: 040/22 86 74 22,*
*www.thetable-hamburg.de,*
*Öffnungszeiten: Di–Sa 19–24 Uhr*

## INNENSTADT

### Die Bank

Cocktailbar, Brasserie und Restaurant in einem schicken Stadtpalais. Hier trifft man sich zum Business-Lunch, auf einen Aperitif oder zum gehobenen Dinner. Auf der wechselnden Tages- und Abendkarte stehen französische und deutsche Gerichte. Das Vier-Gänge-Menü gibt es für 69 Euro.
*Hohe Bleichen 17, Tel.: 040/238 00 30,*
*www.diebank-brasserie.de,*
*Öffnungszeiten: Mo–Sa 12–16.30 Uhr,*
*17.30–22.30 Uhr*

WEITER AUF SEITE 96 →

RESTAURANT KLEINE BRUNNENSTRASSE 1

# Cornelia Poletto

—

Köchin und Restaurantinhaberin

—

*Was mögen Sie besonders an Hamburg?*

Hamburg ist meine Heimat. Die Stadt ist weltoffen, steht niemals still und ist dennoch unheimlich gemütlich. Es ist genau dieser Mix aus Millionenmetropole und Kleinstadt-Feeling, der mir an Hamburg so gefällt. Und natürlich die Hamburger selbst. Dass sie zugeknöpfte Pfeffersäcke sein sollen, kann ich überhaupt nicht bestätigen. Im Gegenteil. Ich finde sie gesellig, witzig und warmherzig.

*Wo in Hamburg gehen Sie selbst gerne essen?*

Ich gehe gerne zu meinem Freund Tobias Strauch ins *Strauchs Falco* oder ins *La Scala* nach Eppendorf. Die Familie Zini gibt einem dort sofort das Gefühl, mitten in Italien gelandet zu sein. Und natürlich besuche ich auch ab und an meine Fernsehkollegen *Tim Mälzer* oder *Steffen Henssler* in ihren Läden.

*Wie würden Sie Hamburgs Food-Szene beschreiben?*

Hamburgs Gastro-Szene ist abwechslungsreich und bunt. Von alteingesessenen Traditionslokalen über kleine, individuelle Pop-up-Restaurants bis hin zu großen Fine-Dining-Tempeln auf Drei-Sterne-Niveau ist alles dabei. Die Stadt muss sich in Sachen Kulinarik nicht verstecken.

*Cornelia Poletto* – Eppendorfer Landstraße 80, Eppendorf / *Strauchs Falco* – Koreastraße 2, Hafencity / *La Scala* – Falkenried 54, Eppendorf / *Bullerei* – Lagerstraße 34b, Sternschanze / *Henssler & Henssler* – Große Elbstraße 160, Altona

## OTTENSEN

### Petit Amour

Kleines, feines Lokal für einen besonderen Abend. Die Gäste haben die Wahl zwischen einem Menü mit sechs Gängen für 115 Euro oder dem Acht-Gang-Menü für rund 150 Euro. Die französischen Gerichte sind hervorragend und kreativ angerichtet.

*Spritzenplatz 11, Tel.: 040/30 74 65 56,*
*www.petitamour-hh.com,*
*Öffnungszeiten: Mi–Sa 18–23 Uhr*

## *Japanisch*

## EIMSBÜTTEL

### Zipang

Geschmackvolles, kleines Restaurant, das gehobene japanische Gerichte – von Sushi-variation bis Wagyufilet – à la carte oder im Menü anbietet.

*Eppendorfer Weg 171,*
*Tel.: 040/43 28 00 32, www.zipang.de,*
*Öffnungszeiten: Di–Sa 12–14.30 Uhr &*
*18.30–22 Uhr*

## EPPENDORF

### Ono by Steffen Henssler

TV-Koch Steffen und Sabine Henssler interpretieren japanische Sushi- und Grill-gerichte kreativ und international. Da die Atmosphäre und Anrichtung der Gerichte so schön sind, zahlt man gerne ein bisschen mehr.

*Lehmweg 17, Tel.: 040/88 17 18 42,*
*www.onobysteffenhenssler.de,*
*Öffnungszeiten: Mo–Sa 12–15 Uhr &*
*18–23 Uhr*

## HAFENCITY

### Coast

Besonders am Abend hat man aus der großen, geschwungenen Fensterfront eine wunderbare Sicht auf die Lichter der Hafencity und die Elbphilharmonie. Der Service ist aufmerksam, die Cocktail-karte umfangreich und die moderne, japanische Küche einwandfrei. Wetten, dass alle Besucher, die zum ersten Mal hier sind, über die Architektur des Restaurants sprechen?

*Großer Grasbrook 14,*
*Tel.: 040/30 99 32 30,*
*www.coast-hamburg.de,*
*Öffnungszeiten: So–Do 12–22 Uhr,*
*Fr & Sa 12–23 Uhr*

## INNENSTADT

### Matsumi

Dieses traditionell japanisch eingerichtete Restaurant versetzt seine Gäste sofort nach Nippon. Gruppen können die klassischen japanischen Gerichte in einem Séparée genießen. Unbedingt auch Sake und Matchaeis probieren!

*Colonnaden 96, Tel.: 040/34 31 25,*
*www.matsumi.de, Öffnungszeiten:*
*Di–Sa 12–14.30 Uhr & 18–23 Uhr*

## ST. PAULI

### East
In den ungewöhnlichen Räumen des Design-
hotels East in einer ehemaligen Eisen-
gießerei serviert das aufmerksame Personal
japanische Fusion-Küche. Neben Sushi
stehen auch Fisch-, Fleisch-, Nudel- und
Reisgerichte auf dem Menü.
*Simon-von-Utrecht-Straße 31,*
*Tel.: 040/30 99 30, www.east-hamburg.de,*
*Öffnungszeiten: Mo–Do 18–23 Uhr,*
*Fr & Sa 17.30–24 Uhr, So 17–22 Uhr*

### Kokomo Noodle Club
Der Fokus liegt, wie der Name schon sagt,
auf japanischen Ramen-Nudelsuppen. Vor-
speisen und Drinks werden auch angeboten.
*Clemens-Schultz-Straße 41,*
*Tel.: 040/52 15 59 70, www.facebook.com/*
*kokomonoodleclub, Öffnungszeiten:*
*So–Do 12–22 Uhr, Fr & Sa 12–23 Uhr*

## Rustikal

## EIMSBÜTTEL

### Alpenkantine
Lange, helle Holztische mit unterschiedlichen Stühlen und raue Betonwände sind
ein cooler, moderner Kontrast zur hausgemachten Alpenküche, wie Knödeln, Tartes,
Salaten und Suppen. Leckeres Frühstück,
inklusive Kaiserschmarrn, gibt's hier auch.

ALPENKANTINE

PETIT AMOUR

*Osterstraße 98, Tel.: 040/84 89 94 93,*
*www.alpenkantine.de, Öffnungszeiten:*
*Mo–Fr 10–22 Uhr, Sa & So 10–21 Uhr*

### Jimmy Elsass
Versteckt in einer ruhigen Seitenstraße
unweit des Schanzenviertels liegt das
Jimmy Elsass, das auf Flammkuchen
spezialisiert ist.
*Schäferstraße 26, Tel.: 040/44 19 59 65,*
*www.jimmyelsass.de, Öffnungszeiten:*
*Mo–Sa 18–1 Uhr, So 18–24 Uhr*

## NEUSTADT

### Zum Spätzle
Im gemütlichen schwäbischen Imbiss
stehen Spätzle und Maultaschen in verschiedenen Variationen – auch vegetarisch
und vegan – auf der Karte.
*Wexstraße 31, Tel.: 040/35 73 95 16,*
*www.zumspaetzle.de, Öffnungszeiten:*
*täglich 12–22 Uhr*

## STERNSCHANZE

### Hatari

Hirschgeweihe und alte Holzstühle sorgen
für urige Stimmung in der Pfälzer Stube.
Auf die Teller kommen Burger, Spätzle,
Flammkuchen und andere deftige Gerichte.
Auch in Eimsbüttel und Ottensen gibt es
Hatari-Lokale.

*Schanzenstraße 2–4, Eulenstraße. 77 und
Eidelstedter Weg 1, Tel.: 040/43 20 88 66,
www.hataripfaelzerstube.com,
Öffnungszeiten: täglich ab 12 Uhr bzw.
täglich ab 18 Uhr (Eidelstedter Weg 1)*

### Braugasthaus Altes Mädchen

Das modern-lässige Braugasthaus der
Ratsherrn Brauerei in den Schanzenhöfen
beinhaltet einen großen Innenhof, in dem
regelmäßig Craft Beer Events stattfinden,
einen eigenen Bier-Shop und ein geräumi-
ges Restaurant, das neben Bier auch
rustikale Speisen anbietet.

*Lagerstraße 28b, Tel.: 040/800 07 77 50,
www.altes-maedchen.com,
Öffnungszeiten: Mo–Do 12–1 Uhr,
Fr & Sa 12–2 Uhr, So 10–1 Uhr*

JIM BURRITO'S

### Bullerei

Tim Mälzers bekanntestes Restaurant ist
ein Touristenmagnet, aber ebenso beliebt
bei Hamburgern. Das Deli im vorderen Teil
hat auch mittags geöffnet, das Restaurant
im hinteren Teil nur abends. Reservierungen
sind fürs Restaurant unbedingt empfohlen.

*Lagerstraße 34b, Tel.: 040/33 44 21 10,
www.bullerei.com, Öffnungszeiten:
Deli: Mo–So ab 11 Uhr, Restaurant:
Mo–Sa ab 18 Uhr, So ab 17 Uhr*

## Orientalisch

### EIMSBÜTTEL

### L'Orient

Bis 16 Uhr gibt es Orientalisches von
der Mittagskarte, abends eine umfangreiche Auswahl von raffinierten Gerichten
und Menüs. Die Mazza-Variation ist
ein Muss!

*Osterstraße 146, Tel.: 040/43 28 16 51,
www.restaurant-lorient.de,
Öffnungszeiten: Mo–Fr 11.30–23 Uhr,
Sa & So 10–23 Uhr*

### HAFENCITY

### Neni

Haya Molcho und ihre Söhne sind mit
ihrem Gastroimperium auch in Hamburg
zuhause. Im historischen Gebäude
des Alten Hafenamtes wird leckeres israe-
lisches Essen in gemütlicher Atmosphäre
serviert.

*Osakaallee 12, Tel.: 040/555 57 54 42,
www.nenihamburg.de, Öffnungszeiten:
Mo–Fr 6.30–23 Uhr, Sa & So 7–23 Uhr*

### INNENSTADT

### Bona'me

Auf über 500 Quadratmetern werden hier
arabische Pfannen- und Nudelgerichte,
Pide und Meze aus offener Küche serviert.
Das Design des Restaurants ist modern-
orientalisch.

*Burchardstraße 17, Tel.: 040/32 87 01 70,
www.bona-me.de/hamburg,
Öffnungszeiten: täglich 10–24 Uhr*

NENI

### LOKSTEDT

#### Le Marrakech

In diesem Restaurant werden Träume aus 1001 Nacht wahr: An der Decke leuchten dutzende Laternen, die gemusterte Schatten auf die Wände und Mosaiktische werfen, jeden Donnerstag gibt es Buffet, an den anderen Tagen orientalische Gerichte à la carte. Übrigens gehört das Lokal zu einem riesigen Marrakesch-Möbelgeschäft.

*Kellerbleek 10, Tel.: 040/57 14 53 01, www.lemarrakech.de, Öffnungszeiten: Di–Do 12–22 Uhr, Fr & Sa 12–19 Uhr*

### STERNSCHANZE

#### Falafelstern

In diesem Falafelimbiss, der auch mehrere Sitzplätze hat, ist besonders am späten Abend viel los, wenn die Partymeute Hunger bekommt. Die Falafel und Salatteller schmecken superlecker.

*Schanzenstraße 111, Tel.: 040/41 54 44 35, www.falafelstern.de, Öffnungszeiten: So–Do 11–24 Uhr, Fr & Sa 11–3 Uhr*

### UHLENHORST

#### Fardi

Sehr gutes syrisches Restaurant, das neben Mazza auch vegetarische sowie Fisch- und Fleischgerichte anbietet. Alle Speisen sind kunstvoll angerichtet.

*Hofweg 72, Tel.: 040/36 02 74 40, www.fardi-hamburg.de, Öffnungszeiten: Mo–Do 18–24 Uhr, Fr 12–15 Uhr & 17–24 Uhr, Sa & So 17–24 Uhr*

BRAUGASTHAUS ALTES MÄDCHEN

## *Lateinamerikanisch*

### OTTENSEN

#### Leche de Tigre

Dieses bunte Restaurant ist ganz der peruanischen Küche gewidmet. Auf der Karte steht Ceviche in vielen Varianten, zudem Fisch-, Pulpo-, Gemüse- und Fleischgerichte. Cocktails wie Pisco Sour und Mojito gehören natürlich dazu.

*Nernstweg 32–34, Tel.: 0163/312 64 91, www.lechedetigre.de, Öffnungszeiten: Mo–Sa 18–23 Uhr, So 17–22 Uhr*

### STERNSCHANZE

#### Jim Burrito's

Wenn viel los ist, wartet man in diesem Burrito-Imbiss schon einmal etwas länger aufs Essen, aber dafür lohnt es sich. Auch vegane Gerichte erhältlich.

*Schulterblatt 12, www.facebook.com/ Jim-Burritos-119417638119748, Öffnungszeiten: Mo–Do 12–22 Uhr, Fr–So 12–23 Uhr*

### ST. PAULI

#### Kombüse

Das Interieur dieses leicht chaotischen Burritoladens erinnert an ein Schiffdeck, auf der Karte stehen verschiedene, auch vegane, Burritos und Enchiladas. Simple, aber gute Küche – nur viel Service darf man nicht erwarten.

*Bernhard-Nocht-Straße 51, Tel.: 040/63 94 79 18, Öffnungszeiten: täglich 16–23 Uhr*

## Mexikostraße

Angesagte Taqueria mitten auf St. Pauli, die zu Tacos, Ceviche und Guacamoles verschiedene Cocktails, Mezcal, Bier und Tequila serviert.
*Detlev-Bremer-Straße 41,*
*Tel.: 0179/932 79 25,*
*www.mexikostrasse.com, Öffnungszeiten:*
*Di–Sa 18–24 Uhr, So 16–21.30 Uhr*

## Salt & Silver

Ceviche, Quesadilla, Tacos, Pulpo und andere raffinierte Gerichte entführen den Gast auf eine kulinarische Reise durch Südamerika. Dazu gibt's 1A-Cocktails und eine hippe Atmosphäre. Reservierungen sind empfohlen!
*St. Pauli Hafenstraße 140,*
*http://www.saltandsilver.net/zentrale,*
*Öffnungszeiten: Mi–Sa ab 18 Uhr,*
*So 10–15 Uhr Frühstück &*
*ab 18 Uhr Abendessen*

## Spanisch

### OTTENSEN

## Café Altamira

Quirlige Tapas-Bar mit großer Auswahl. Da hier immer viel los ist, sind Reservierungen empfohlen.
*Thomasstraße 4, Tel.: 040/85 37 16 00,*
*www.cafealtamira.de, Öffnungszeiten:*
*Mo–Do 18–2 Uhr, Fr–So 17–2 Uhr*

### WINTERHUDE

## Marbella

Klassisches spanisches Restaurant, das Tapas, Paella, Fisch- und Fleischgerichte sowie spanische Desserts anbietet. Etwas gehobenere Küche und Preise.
*Dorotheenstraße 104, Tel.: 040/27 57 57,*
*www.restaurant-marbella.de,*
*Öffnungszeiten: Di–So 17–24 Uhr*

## Asiatisch

### ALTSTADT

## O-ren Ishii

Angesagtes vietnamesisches Restaurant, in dem es mittags meist so voll ist, dass man etwas Geduld mitbringen muss. Unbedingt die hausgemachten Limonaden zum Essen probieren.
*Kleine Reichenstraße 18,*
*Tel.: 0151/40 03 00 03,*
*www.facebook.com/restaurant.orenishii,*
*Öffnungszeiten: Mo–Fr 11–18 Uhr*

### KAROLINENVIERTEL

## XeÔm

Junges vietnamesisches Restaurant, das an Street-Food-Garküchen angelehnt ist. Alle Gerichte gibt es auch zum Mitnehmen.
*Karolinenstraße 25, Öffnungszeiten:*
*Di–Do 12–22 Uhr, Fr 12–22.30 Uhr,*
*Sa 14–22.30 Uhr, So 14–22 Uhr*

### ST. PAULI

## Ban Canteen

*Leckere vietnamesische Bowls mit Reis oder Reisnudeln (auch vegan), Suppen und vietnamesische Burger machen dieses hippe Restaurant so beliebt.*
*Beim Grünen Jäger 1, Tel.: 040/35 98 91 72,*
*www.bancanteen.com, Öffnungszeiten:*
*So–Do 12–22 Uhr, Fr & Sa 12–22.30 Uhr*

## Vu

Unprätentiös, mit schlichten Holztischen und cleaner Deko, wirkt dieser Vietnamese. Aber die authentischen Speisen haben es in sich – vor allem die Nationalsuppe Phô. Zudem gibt es Dampfknödel und Baguette mit und ohne Fleisch.

O-REN ISHII

*Kleine Freiheit 68, www.facebook.com/
VU-1091309584294073,
Öffnungszeiten: Di–Fr 12–21 Uhr,
Sa 14–21 Uhr, So 15–21 Uhr*

## WINTERHUDE

### Quan Do
„Vietnamese Street Kitchen" lautet auch
hier das Motto. Die Einrichtung ist ebenso
modern wie die Küche. Neben dem
Restaurant in Winterhude gibt es auch
eines in St. Georg.
*Gertigstraße 25 und Georgsplatz 16,
Tel.: 040/27 80 70 78, www.quan-do.com,
Öffnungszeiten: Mo–Do 11.30–21.30 Uhr,
Fr 11.30–22 Uhr, Sa 12–22 Uhr,
So 12–21 Uhr*

## *Indisch*

## EPPENDORF

### Gandhi
Die Einrichtung ist typisch, die Küche traditionell nordindisch. Alle Gerichte – egal,
ob Fleisch oder vegetarisch – schmecken
ausgezeichnet. Preiswerter Mittagstisch.
*Eppendorfer Landstraße 6,
Tel.: 040/46 00 78 86,
www.gandhi-restaurant.de, Öffnungszeiten:
Mo–Fr 11.30–23 Uhr, Sa & So 12–23 Uhr*

## GRINDELVIERTEL

### Kaalia
Der Mittagstisch in diesem kleinen Restau-
rant ist von indischem Streetfood inspiriert.
Abends finden sich auf der französischen
Karte indische Einflüsse wieder.
*Rentzelstraße 13, Tel.: 0157/33 12 08 17,
www.kaalia.de, Öffnungszeiten:
Di 12–15 Uhr, Mi–Sa 18–22 Uhr*

## ST. PAULI

### Maharaja
Indisch-ayurvedisches Restaurant, das sehr
viele vegetarische Gerichte anbietet. Der
Geruch der exotischen Gewürze und die
bunte Einrichtung versetzen die Gäste
direkt nach Indien.
*Detlev-Bremer-Straße 25–27,
Tel.: 040/30 09 34 66,
www.maharaja-hamburg.de,
Öffnungszeiten: Mo–Fr 12–24 Uhr,
Sa, So & feiertags: 14–24 Uhr*

WEITER AUF SEITE 104 →

QUAN DO

# Sophia Wenzel

—
Bier-Sommelière
—

*Welches Hamburger Bier mögen Sie am liebsten?*
Im Moment finde ich das Fastmoker Pils von Wildwuchs super.
Ein frisches, grünes, vegetatives Pils.

*Wo in Hamburg machen Sie am liebsten die Nacht zum Tag?*
Am liebsten gehe ich abends ins *Fitzgerald* – oben Bar unten Club.
Direkt am Hafen! Auch das *Chambre Basse* in der Schanze mit
tollen Drinks und guter Musik kann ich nur empfehlen!

*Welches Hamburger Viertel finden Sie am spannendsten?*
Ich bin tatsächlich oft im Schanzenviertel. Aber vor allem St. Pauli
liebe ich sehr. An jeder Ecke Street Art und kleine Läden. Es gibt
immer was zu entdecken.

*Haben Sie ein Lieblingsrestaurant in Hamburg?*
Zum Essen ist das *Momo Ramen* in der Margaretenstraße 58
Pflicht: original japanische Ramen-Suppen mit Suchtpotenzial!
Das Restaurant *Haebel* in der Paul-Roosen-Straße 31 mag ich sehr
gerne, wenn's schicker sein soll, und für Pizza und Bier gehe ich
gern ins *Überquell* am St. Pauli Fischmarkt 28-32.

*Wo verbringt man am besten einen warmen Sommertag*
*in Hamburg?*
Hauptsache draußen! Super schön ist der Elbstrand und natürlich
bei meiner lieben Freundin Sofija Dreshaj in der *Willi Villa* in
Wilhelmsburg. Einfach traumhaft grün, Wasser, Kanus und
entspannte Leute.

*Was ist das Beste an Hamburg?*
Alles. Ich liebe Hamburg stark. Das Beste sind natürlich die
Menschen mit denen ich hier leben kann. Aber auch die Schönheit
der Stadt mit viel Wasser, Grün und dem Hamburger Schnack.

*Fitzgerald* – Große Elbstraße 14, Altona / *Chambre Basse* – Schulterblatt 73, Sternschanze / *Momo Ramen* –Margaretenstraße 58, Sternschanze / *Haebel* – Paul-Roosen-Straße 31, St. Pauli / *Überquell* – St. Pauli Fischmarkt 28-32, St. Pauli / *Willi Villa* – Wilhelmsburger Inselpark, Hauland 8

# Burger & Steaks

## ALTONA

### Mash

American Steakhouse trifft Dänemark. In Kopenhagen ist Mash bereits sehr beliebt. 2015 hat das Restaurant auch in Hamburg eröffnet. Zwischen roten Ledersesseln und dunklen Tischen werden internationale Steaks serviert.
*Große Elbstraße 148–150, Tel.: 040/809 00 81 11, www.mashsteak.de, Öffnungszeiten: täglich 12–15 Uhr & 17.30–22 Uhr*

CHAPEAU

## ALTSTADT

### Brooklyn Burger Bar

*Top!*

Rund ein Dutzend unterschiedliche Burger, eine umfangreiche Cocktailkarte – mit sehr guten Drinks! – und ein cooles, urbanes Design machen die Brooklyn Burger Bar zum Trendlokal in der Innenstadt.
*Alter Fischmarkt 3, Tel.: 040/34 99 48 66, www.brooklynburgerbar.de, Öffnungszeiten: Mo–Sa ab 18 Uhr & Mo–Fr 12–15 Uhr*

## GRINDELVIERTEL

### Otto's Burger

Hippes Burgerrestaurant, das regionale Zutaten verwendet. Neben Klassikern stehen auch Pulled Pork, Mushroom, und Vegetable Burger auf der Karte. Zu trinken gibt's über zwanzig verschiedene Craft Biere. Auch Lokale in der Sternschanze, in Ottensen und in St. Georg.
*Grindelhof 33, Schanzenstraße 58, Bahrenfelderstraße 175 und Lange Reihe 40, Tel.: 040/38 04 65 25, www.ottosburger.com, Öffnungszeiten: Mo–Do 11.30–22.30 Uhr, Fr & Sa 11.30–23 Uhr, So 11.30–22 Uhr*

## INNENSTADT

### [M]eatery

Das Restaurant im Side Hotel bietet erstklassige Steaks, Burger und Tatar an. An der Bar gibt es begleitende Cocktails.
*Drehbahn 49, Tel.: 040/30 99 95 95, www.hamburg.meatery.de, Öffnungszeiten: Mo–Fr 12–23 Uhr, Sa & So 15–23 Uhr*

## STERNSCHANZE

### Schlachterbörse

Dieses urige Hamburger Traditionslokal erinnert mit zahlreichen Fotos an seinen holzvertäfelten Wänden an seine über 100-jährige Geschichte. Auf den Teller kommen hochwertige Fisch- und Fleischgerichte – von Matjes oder Scampis über Entrecôte bis T-Bone-Steak.
*Kampstraße 42, Tel.: 040/43 65 43, www.schlachterboerse.de, Öffnungszeiten: Mo–Sa 16–24 Uhr*

## ST. PAULI

### The Bird

Simple Burger Bar, die zwar nicht den besten Service zu bieten hat, dafür vielleicht aber die besten Burger in Hamburg – wenn man viel Fleisch und „Toasties"-Brötchen mag. Reservierungen sind empfohlen.

OTTO'S BURGER

*Trommelstraße 4, Tel.: 040/75 66 23 33,
www.thebirdinhamburg.com, Öffnungszeiten: Mo–Do 17–23 Uhr, Fr 17–24 Uhr,
Sa 14–24 Uhr, So 14–23 Uhr*

## WINTERHUDE

### Chapeau

Hippes Restaurant und Cocktailbar mit
außergewöhnlichem Design und schöner
Lage am Goldbekkanal. Neben Burgern
umfasst die Karte auch diverse Vorspeisen,
Steaks, Fisch und Vegetarisches.
*Moorfuhrtweg 9, Tel.: 040/27 07 54 44,
www.chapeau-restaurant.com, Öffnungszeiten: So–Mi 17–23 Uhr, Do–So 17–3 Uhr*

# Fisch

## ALTONA

### Frischeparadies Bistro

Neben dem Fischmarkt liegt das Frischeparadies: Feinkostmarkt und Fischbistro –
unscheinbar von außen, innen viel zu entdecken. Beliebter Treff für frische Austern
und ein Glas Cremant.

BROOKLYN BURGER BAR

*Große Elbstraße 210, Tel.: 040/38 90 80,
www.frischeparadies.de, Öffnungszeiten:
Mo–Mi 9–19 Uhr, Do & Fr 9–20 Uhr,
Sa 9–18 Uhr*

## INNENSTADT

### Daniel Wischer

Die „Daniel Wischer Fischbratbetriebe" gibt
es schon seit 1924. Hier gibt es Klassiker
wie Backfisch, Fischbrötchen, Fischfrikadel-
len und Fish & Chips, aber auch Fischfilets
mit Bratkartoffeln zu erschwinglichen Preisen.
*Große Johannisstraße 3, außerdem Stein-
straße 15a, Tel.: 040 /32 52 58 15,
www.danielwischer.de, Öffnungszeiten:
Mo–Sa 11–22 Uhr (Große Johannisstraße), Mo–Sa 11–16 Uhr (Steinstraße)*

### Fischfeinkost Delikatessen des Meeres

Großartiges Preis-Leistungs-Verhältnis:
In diesem kleinen Restaurant kostet der
hervorragende Mittagstisch 7,50 Euro.
*Colonnaden 104, Tel.: 040/34 63 14,
Öffnungszeiten: Mo–Fr 11.30–17 Uhr*

## STERNSCHANZE

### Fisch Imbiss Schabi

Der Fisch-Imbiss mitten auf dem Schulter-
blatt serviert riesige Portionen von frischem
Fisch mit Kartoffeln und Salatbeilage zu
bezahlbaren Preisen.
*Schulterblatt 60, Tel.: 040/43 29 09 40,
Öffnungszeiten: Mo–Fr 12–21.30 Uhr,
Sa 12–21 Uhr, So 12–22 Uhr*

SCHABI'S FISCHIMBISS

## ST. PAULI

### Brücke 10

Die besten Fischbrötchen Hamburgs bekommt man in diesem Imbiss, der auch schöne Sitzplätze bietet, auf Brücke 10 an den Landungsbrücken.

*Auf den St. Pauli Landungsbrücken, Brücke 10, Tel.: 040/33 39 93 39, www.bruecke-10.de, Öffnungszeiten: April–Oktober täglich 10–22 Uhr, November–März täglich 10–20 Uhr*

## WINTERHUDE

### Liman

Maritim gestaltetes Fischrestaurant, das sehr gutes und preiswertes Seafood, Fischfilets sowie gemischte Fischplatten serviert.

*Mühlenkamp 16, Tel.: 040/37 08 56 53, www.liman-fisch.com, Öffnungszeiten: Mo–Do 15–24 Uhr, Fr & Sa 12–1.30 Uhr, So 12–23 Uhr*

## *Märkte*

### Isemarkt

Einer der schönsten Wochenmärkte Hamburgs – und der längste – findet jeden Dienstag und Freitag auf der Isestraße, unter dem Hochbahn-Viadukt der U3 statt. Über 200 Händler bieten hier Fisch, Käse, Bonbons, Gemüse und Obst, Blumen, Kaffee, Fleisch, Kräuter, Naturbürsten und viele andere Dinge an.

*Isestraße 1–73, Markzeiten: Di & Fr 8.30–14 Uhr*

### Rindermarkthalle St. Pauli

1951 erbaut und 2014, nach einem umfassenden Umbau neueröffnet, beinhaltet die Rindermarkthalle St. Pauli auf ca. 4000 Quadratmetern unterschiedliche Geschäfte – von Imbissen über Feinkostgeschäfte und Supermärkte bis zum Haushaltswarenge-

schäft. Der Look soll an einen überdachten Wochenmarkt erinnern.

*Neuer Kamp 31, www.rindermarkthalle-stpauli.de, Öffnungszeiten: Mo–Sa 8–21 Uhr*

### Marktzeit **Top!**

*Bio-Käse, Craft Beer, Gourmet-Popcorn, hausgemachte Marmeladen, Öle und Salsas, dazu Burger, Tartes, vegane Leckereien, ... auf der Hamburger Marktzeit gibt es viel zu entdecken. Wer genug Zeit mitbringt, kann sich von einem Stand zum anderen essen. Außerdem sind Kunsthandwerker und Designer aus der Region mit handgemachten Produkten vertreten – von Seifen bis zu Kinderkleidung. Das Vorbild waren die Neighbourhood Markets in Melbourne und New York: Man trifft sich zum Kaffee und Schnack mit Freunden und erledigt nebenbei ein paar Einkäufe. Häufig spielt dabei auch noch eine Band. In den Sommermonaten findet die Marktzeit jeden Samstag auf dem Vorplatz der Rindermarkthalle St. Pauli statt, während der kalten Monate in der Fabrik in Altona.*

*September–April: Barnerstraße 36, Mai–August: Vorplatz der Rindermarkthalle St. Pauli, www.marktzeit.com, Marktzeiten: Sa 9–15 Uhr, im Sommer Sa 10–18 Uhr*

### Fischmarkt

Kein Hamburg-Reiseführer ohne Fischmarkt. Wer das Treiben zwischen Marktständen, Marktschreiern, Touristen und Partygästen, die hier ihren letzten Stopp vor dem Heimweg einlegen, erleben will, muss früh aufstehen – oder lange wach bleiben. Zu kaufen gibt es natürlich Fisch, außerdem Obstkörbe, Blumen, Souvenirs – und Live-Musik in der Fischauktionshalle.

*Große Elbstraße 9, Marktzeiten:*
*April–Oktober: So 5–9.30 Uhr,*
*November–März: So 7–9.30 Uhr*

## Weihnachtsmarkt auf dem Rathausmarkt

Auf dem historischen Weihnachtsmarkt vor dem Hamburger Rathaus wird Kunst und Tradition groß geschrieben: Hier sind Kunsthandwerk, Holzspielzeug, Nürnberger Lebkuchen, Rathausmarkt-Glühwein und andere handgemachte Weihnachtsspezialitäten zu finden. Wie bei allen großen Weihnachtsmärkten wird es hier besonders an den Wochenenden sehr voll.

*Auf dem Rathausmarkt,*
*Ende November bis Weihnachten*

## Weihnachtsmarkt am Gänsemarkt

Rund ums Lessingdenkmal findet alljährlich ein kleiner Weihnachtsmarkt statt, der unter Hamburgern ein beliebter Treffpunkt für einen Glühwein, eine Currywurst oder gebrannte Mandeln nach der Arbeit ist. Hier finden sich aber auch schöne Geschenke wie besondere Lebkuchen und Früchtebrot.

*Gänsemarkt,*
*Ende November bis Weihnachten*

## Weihnachtsmarkt auf der Fleetinsel

Dieser Weihnachtsmarkt findet zwischen Alster und Elbe auf der Fleetinsel statt – wer Hamburger Flair erleben will, ist hier richtig. Zwei beleuchtete Segel-Oldtimer aus dem Museumshafen Övelgönne geben dem Markt eine besondere Atmosphäre.

*Auf der Fleetinsel,*
*Ende November bis Weihnachten*

## Skandinavische Weihnachtsmärkte

Von Hamburg aus ist man in weniger als fünf Stunden in Kopenhagen – und in der Weihnachtszeit sind die skandinavischen Nachbarn zu Gast in der Hansestadt. An zwei Wochenenden finden an den Seemannskirchen, Nähe des Hamburger Michels, jedes Jahr skandinavische Weihnachtsmärkte mit Handgemachtem, Süßigkeiten und Geschenkartikeln statt.

*Ditmar-Koel-Straße,*
*Daten unter www.hamburg.de*

# Food Shopping

## EPPENDORF

## Mutterland

Hier kann man nicht nur Kaffee trinken und essen, sondern auch dekorative Geschenke wie Schokolade, Marmeladen, Senf, Kakao, Tee, Öle, Gewürze, Spirituosen und andere Delikatessen kaufen. Filialen in Eppendorf.

*Ernst-Merck-Straße 9; außerdem*
*Lenhartzstraße 1 und Poststraße 14,*
*Tel.: 040/28 40 79 78,*
*www.mutterland.de, Öffnungszeiten:*
*Mo–Sa 8–21 Uhr, So 9–19 Uhr*

## INNENSTADT

## Alsterhaus Obergeschoss

Im obersten Stockwerk des berühmten Kaufhauses können Gourmets Stunden verbringen. Verschiedene Bistros und Champagnerbars, eine umfangreiche Wein- und Spirituosenabteilung, Confiserie-, Tee- und andere Delikatessen-Shops locken mit ihren Auslagen.

*Jungfernstieg 16–20, Tel.: 040/35 90 10,*
*www.alsterhaus.de, Öffnungszeiten:*
*Mo–Mi 10–20 Uhr, Do–Sa 10–21 Uhr*

## Oschätzchen

Außergewöhnliche Schokoladen und Pralinen aus aller Welt, Kaffee, Chutneys, Öle, Pasta, Konfitüren, Getränke und edle Accessoires werden in diesem Gourmetshop so schön präsentiert, dass man gar nicht weiß, wo man zuerst hinschauen soll.

*Hohe Bleichen 26, Tel.: 040/35 00 47 80,*
*www.oschaetzchen.com, Öffnungszeiten:*
*Mo–Fr 10–19 Uhr, Sa 10–18 Uhr*

## STERNSCHANZE

## Beyond Beer

Selbst Menschen, die nicht gerne Bier trinken, werden in diesem Shop fasziniert vor den Unmengen an kreativ designten Craft Beer Flaschen und Bieren aus aller Welt stehen. Rund 300 Biere gehören zum Angebot – da wird garantiert jeder ein Lieblingsbier, oder mehrere, finden. An der Bar lassen sich die Biere direkt probieren.

*Weidenallee 53–55, Tel.: 040/44 46 54 24,*
*www.beyondbeer.de, Öffnungszeiten:*
*Di–Fr 13–20 Uhr, Sa 10–20 Uhr*

## MySupper

In diesem kleinen, liebevoll eingerichteten Laden findet sich etwas für jeden Geschmack. Alle Produkte sind besonders und schön verpackt. Neben Delikatessen gibt es auch Geschenkartikel für die Küche oder fürs Auge.

*Weidenallee 23, Tel.: 040/43 27 43 43,*
*www.mysupper.de, Öffnungszeiten:*
*Mo–Fr 11–19 Uhr, Sa 11–16 Uhr*

OSCHÄTZCHE
HAMBURG

24
26

# Nachtleben & Musik

DIE REEPERBAHN IST DER DREH-
UND ANGELPUNKT FÜR HAMBURGER
NÄCHTE. GEFEIERT WIRD, BIS
SONNTAGFRÜH DER FISCHMARKT
ERÖFFNET.

*AUF DER REEPERBAHN* nachts um halb eins ... sollte jeder mindestens einmal im Leben gewesen sein. Der Ursprung, wenn nicht gar die Wiege des Hamburger Nachtlebens ist nach wie vor Dreh- und Angelpunkt jeglicher Ausschweifungen sobald die Sonne untergeht. Wobei die sündige Meile durchaus auch tagsüber ihren Charme hat. Wer sich nicht von den beschwipsten Partymassen, betörend leichten Damen und latent vulgären Typen, die Kundschaft in ihre Striplokale und Table-Dance-Bars ziehen wollen, abschrecken lässt, bummelt an bunten Neonreklamen vorbei, dreht eine amüsante Runde durch den Sexshop und atmet eine frische Brise Astra-Bier ein.

Die Mehrheit der besten Hamburger Clubs und Bars befindet sich in Reeperbahn-Nähe. Hier lässt es sich hervorragend durch schummerige Kiezkneipen und Schickimicki-Clubs tingeln: vom Hans-Albers-Platz bis zur Großen Freiheit, vom Spielbudenplatz bis zum Nobistor. Wer es hanseatisch-unaufgeregt mag, nimmt einen Drink in der *KorallBar,* im *The Walrus* oder in der *Toast Bar* zu sich. Anhänger der gehobenen Barkultur gehen in die extravaganten Bar-Etablissements des *East Hotels* oder des *Empire Riverside Hotels* – letztere Bar befindet sich im 20. Stock, auch die *Clouds Bar* in den Tanzenden Türmen residiert in luftiger Höhe. Zum Feiern geht es dann zurück ins Erdgeschoss oder gleich in den Keller: Im *Mojo Club* und im *Baalsaal* wird unter der Erde bis ins Morgengrauen gefeiert. Chic geht es im *Moondoo,* im *Uppereast* und im *Noho* zu.

Aber auch fernab der Reeperbahn lässt sich die Nacht zum Tag machen, am besten gelingt dies in der benachbarten Sternschanze oder in Altona – am Schulterblatt im *Thier* oder *Saal II* oder entspannt im *Aurel*. Aber auch in St. Georg oder in der Neustadt lässt es sich gut feiern. Das *Le Lion* direkt am Rathaus gilt als beste Bar über die Stadtgrenzen hinaus, und der *Uebel & Gefährlich Club* im Bunker an der Feldstraße hat das elaborierteste Konzert- und Partyprogramm. Die beste Soundanlage steht aktuell im *PAL,* Hamburgs derzeit beliebtesten Techno-Club, der mit internationalen Bookings aufwartet und in dem man dank Frühclub bei Bedarf das ganze Wochenende verbringen kann.

Eine weitere Bereicherung ist der einmal im Monat stattfindende *Roller Skate Jam* im Mojo Club – hier kann man zu coolen Beats die Hüften auf acht Rollen kreisen lassen.

Ob nun Kiez oder nicht Kiez: Der letzte Absacker wird im berühmt-berüchtigten *Golden Pudel Club* an der Hafentreppe eingenommen und das erste Fischbrötchen in Erika's Eck verzehrt. Und wer bis Sonntagfrüh durchhält, der hört sowieso ab 4 Uhr den Fischmarkt locken: Moin, Moin! — LISA VAN HOUTEM

# BARS

## ALTONA

### Aurel

Das Aurel ist Synonym für Kneipenkultur in Reinform: Wer hier eine „Große Freiheit" bestellt, bekommt ein Bier vom Fass, der Caipirinha ist nicht minder lecker, und Rauchen ist überhaupt kein Problem. Lässig, unaufgeregt und entspannt.

*Bahrenfelder Straße 157,*
*Tel.: 040/390 27 27,*
*www.facebook.com/aurel, Öffnungszeiten:*
*Mo 10.30–2.30 Uhr, Di–Do 10.30–3 Uhr,*
*Fr & Sa 10.30–5 Uhr, So 10.30–1 Uhr*

BOTANIC DISTRICT

### Drip Bar

Eine Spirituose tropft durch einen bauchigen Glasbehälter mit schmaler Taille, in der ein Filter mit einem exotischen Kraut sitzt – willkommen in der Drip Bar! Barmann Christian Janzen zelebriert hier das „Slow Drip" Konzept.

*Antonistraße 4, www.dripbar.de,*
*Öffnungszeiten: Mo–Sa ab 18 Uhr*

### Neue Heimat Hamburg

Eine Weinbar als kulinarisches Kleinod: Neben Käse von einem der besten Affineure Deutschlands und Weinen aus der Selektion von Chef Martin Kössler wird hier auf leckere Gemüseküche gesetzt.

*Fischmarkt 5,*
*www.neue-heimat.hamburg,*
*Öffnungszeiten: Di–Sa ab 14 Uhr,*

## ALTSTADT

### Central Congress

Nein, dies ist kein DDR-Konferenzraum der Sechzigerjahre, sondern die neueste Bar der Saal II-Leute. Einfach an den Konferenztisch setzen, den Cocktail „Nr. 1" mit Lagerkorn, Angostura, Sodawasser und Estragon genießen und einem famosen DJ-Set lauschen.

*Steinstraße 5–7, www.centralcongress.de,*
*Öffnungszeiten: Mo–Sa ab 17 Uhr*

## EIMSBÜTTEL

### Rye and Dry

Gemütlich klassisches Interior trifft auf fancy Drinks – zu verdanken ist dies Barchef Ted, auch bekannt als wandelnde Spirituosen-Enzyklopädie. Whiskey, Gin, Wodka, Rum oder Tequila bilden hier die Basis für eine Fülle an potentiellen Lieblingsdrinks.

*Bismarckstraße 10, www.ryeanddry.de,*
*Öffnungszeiten: Mo–Sa ab 17 Uhr*

## EPPENDORF

### Boilerman Bar

Eismaschinen aus Japan produzieren die perfekten Eiskugeln für die Spezialität des Barchefs Jörg Meyer: den Highball. Den Cocktail aus zwei Zutaten nimmt man inmitten von auffällig coolen Gästen zu sich.

*Eppendorfer Weg 211, www.boilerman.de,*
*Öffnungszeiten: täglich ab 18 Uhr*

### Botanic District

Top!

Egal ob Highball, Bowl oder Burger: Im eleganten Botanic District wird neuesten Food-Trends gefrönt – und dazu vorzüglich getrunken. Die Cocktails sind gern herb, mit Kräutern oder Ingwer. Die perfekten Begleiter zu den leckeren Speisen!

*Hegestraße 14–16, www.botanic-district.de,*
*Öffnungszeiten: Mo–Sa ab 18 Uhr*

KLEINES PHI

## INNENSTADT

### Le Lion

Das Le Lion gilt als die beste und schönste Bar Hamburgs – ein Klassiker! Die Bar ist die Geburtsstätte des Gin „Basil Smash", der hier einst erfunden wurde und die Bar über Hamburgs Grenzen hinaus weltbekannt gemacht hat.
*Rathausstraße 3, Tel.: 040/33 47 53 78-0, www.lelion.net, Öffnungszeiten: Mo–Sa ab 16 Uhr, So ab 17 Uhr*

## KAROVIERTEL

### Kleines Phi

Hier trifft sich die (junge) Szene Hamburgs und genießt außergewöhnliche Drinks zu lateinamerikanischem Streetfood in Industriedesign-Ambiente. Im Sommer wird im Garten abgehangen.
*Feldstraße 42, www.facebook.com/kleinesphi, Öffnungszeiten: Di & Do ab 18 Uhr, Mi, Fr & Sa ab 20 Uhr*

## NEUSTADT

### Wald

Kühles Feierabendbier – ein leckeres tschechisches Pils – wird hier direkt aus dem hauseigenen Tank gezapft, während man es sich zwischen Kupferrohren und grünen Kacheln gemütlich macht. Dazu gibt es Bio-Wurst mit Obatzda.

*Großneumarkt 45, www.facebook.com/WaldBarHamburg, Öffnungszeiten: Mo–Mi ab 12 Uhr, Do–Sa ab 12 Uhr, So ab 14 Uhr*

## ST. PAULI

### 20up

Im 20. Stock des Empire Riverside Hotels gibt es den wohl schönsten Ausblick über das Treiben im Hamburger Hafen – mit seinem 21 Meter langen Tresen ist das 20up außerdem die längste Bar der Stadt. Perfekt für nie enden wollende Rooftop-Sommernächte.
*Bernhard-Nocht-Straße 97, Tel.: 040/31 11 97 04-70, www.empire-riverside.de, Öffnungszeiten: täglich ab 18 Uhr*

### Clockers

In der lauschig-gemütlichen Bar wird Clockers-Gin aus eigener Herstellung gereicht – und das inmitten von Baumstümpfen und moosbewachsenen Wänden. Aufgelegt wird im Baumhaus, getrunken unterm Blätterdach.
*Paul-Roosen-Straße 27, www.clockers.hamburg, Öffnungszeiten: Mo–Sa ab 19 Uhr*

CENTRAL CONGRESS

## Damensalon

Klein aber fein: In dieser neuen mit Barten-
der-Liebe betriebenen Bar werden Klassiker
ebenso wie raffinierte Cocktail-Kreationen
serviert. Perfekt für den ersten Drink einer
Partynacht auf der Reeperbahn.
*Taubenstraße 23,*
*www.damensalon-hamburg.de,*
*Öffnungszeiten: Mi–Sa ab 19 Uhr*

## Clouds Bar

Welcome to heaven: Die Clouds Bar ist die
höchste Bar Hamburgs. In den Tanzenden
Türmen gelegen, trinkt man hier einen
erstklassigen Cocktail, entweder drinnen
unter prachtvollem Hirschgeweih oder
draußen an der Rooftop-Bar.
*Reeperbahn 1, Tel.: 040/30 99 32 80,*
*www.clouds-hamburg.de,*
*Öffnungszeiten: Mo–Fr ab 18 Uhr,*
*Sa & So ab 17 Uhr*

## KorallBar

Wer von schummrigen Kiezkneipen träumt,
geht in die KorallBar. In der unscheinbaren
Eckkneipe treffen sich Nachtschwärmer von
Jung bis Alt und haben eine gute Zeit
zusammen. Besser versacken kann man in
Hamburg nicht.
*Simon-von-Utrecht-Straße 89,*
*www.facebook.com/korallbar,*
*Öffnungszeiten: täglich ab 20 Uhr*

## Möwe Sturzflug

Jetzt wird's eng: In der Möwe ist es immer
proppenvoll. Studenten kuscheln hier auf
den Sofalandschaften ebenso wie Jungma-
nager. Getrunken wird „Möwe Mara" –
schmeckt wie „Split"-Eis.
*Clemens-Schultz-Straße 96,*
*www.facebook.com/MoeweSturzflug,*
*Öffnungszeiten: Mo–Sa ab 19 Uhr*

## The Chug Club

Die Bar von Bettina Kupsa wurde jüngst
beim Mixology Bar Award zur „Bar des
Jahres" gekürt – und die Barchefin als
„Gastgeberin des Jahres". Zwei über-
zeugende Argumente, der schön schumme-
rigen Bar mit den weinroten Wänden
einen Besuch abzustatten.
*Taubenstraße 13,*
*www.facebook.com/TheChugClub,*
*Öffnungszeiten: täglich ab 18 Uhr*

## The Walrus Bar

Die Walrus Bar hieß 30 Jahre lang Na und?
Bar. Die neue Besitzerin Oline Brandes ist
ein schweres Erbe angetreten – und hat
dies gemeistert. Hinter der Zahnarzt-
praxen-Fassade verbirgt sich eine Bar mit
Charakter, guter elektronischer Musik und
lokalen Getränken.
*Wohlwillstraße 47, Tel.: 040/43 66 64 ,*
*www.thewalrusbar.de, Öffnungszeiten:*
*täglich ab 18 Uhr*

WEITER AUF SEITE 120 →

THE WALRUS BAR

CLOUDS BAR

# Sevda Albers

Fotografin

## Das schönste Hamburg-Fotomotiv ist …

… ein dokumentarisches Bild: alle meine guten Freunde zusammen auf einem Fleck! Da ich beruflich sehr viel unterwegs bin, freue ich mich immer auf Hamburg. Home is where your heart is.

## Ihr Lieblingsplatz zum Entspannen in der Stadt?

Ich liebe Blankenese und den *Jenischpark*. Ich genieße die Zeit, die ich dort verbringe. Ich mag einfach das ein wenig Dörfliche, Überschaubare und Entspannte – eben das Hanseatische.

## Wo machen Sie die Nacht am liebsten zum Tag?

Meistens trifft man mich in der *KorallBar*. Da ich auf St. Pauli lebe, ist es nur einen Katzensprung entfernt. Ein Platz im Fenster der alten Kneipe vertreibt Kummer und Sorgen. Und ich mag die Bar *The Walrus* sehr.

## Ihr persönlicher Hamburg-Geheimtipp?

Hamburgs Geheimnis ist für mich das Unentdeckte, Versteckte, Verträumte. Ich liebe Wedel – wenn man lange genug am Deich entlangläuft, kommt man zu einem kleinen Ausflugscafé. Nachdem man dann viel zu viele selbst gemachte Kuchen gegessen hat und wieder an Schafherden am Deich entlangläuft, erreicht man den schönsten Strand in der Umgebung.

*Jenischpark* – Baron-Voght-Straße, Othmarschen / *KorallBar* – Simon-von-Utrecht-Straße 89, St. Pauli / *The Walrus Bar* – Wohlwillstraße 47, St. Pauli

## The Rabbit Hole

Hier steht eine Frau hinter dem Tresen – Constanze Lay hat sich den Traum einer eigenen Bar erfüllt und einen gemütlichen, heimeligen und dem Alltag entrückten Ort (mit Zigarren-Launch!) geschaffen. *Kleine Freiheit 42, Tel.: 040/75 36 43 33, www.the-rabbithole.de Öffnungszeiten: Mo–Sa ab 18 Uhr*

## Toast Bar

Nur auf ein Bier in die Toast Bar – das klappt nie. Dafür ist die Musik zu genial, sind die Leute zu funky, die Drinks zu improvisiert gut, die Erdnüsse zu knackig und die Nacht zu lang. Toast Bar geht immer. *Wohlwillstraße 54, Tel.: 040/43 18 23 39, Öffnungszeiten: täglich ab 18 Uhr*

## Yakshi's Bar

In der Bar des East Hotels, die sich in einer stillgelegten Eisengießerei befindet, geht es schon ein bisschen ums Sehen und Gesehen werden. Hauptsache, das fließende Design des Stararchitekten Jordan Mozer mit den prächtigen organischen Säulen und den bunten Fenstern wird gesehen – mit einem guten Drink dazu. *Simon-von-Utrecht-Straße 31, Tel.: 040/30 99 33, www.east-hamburg.de, Öffnungszeiten: täglich ab 8 Uhr*

# ST. GEORG

## Bar DaCaio

Afternoon-Tea, Whiskey-Tasting oder origineller Cocktail: Es gibt viele gute Gründe, die Bar mit englischem Charme zu besuchen. Sie gehört zum The George Hotel, ist für Hotelgäste also ein Muss (aber auch für alle anderen). *Barcastraße 3, Tel.: 040/28 00 30-1810, www.thegeorge-hotel.de, Öffnungszeiten: täglich ab 10 Uhr*

# STERNSCHANZE

## Bar Rossi

Die Bar Rossi ist ein Hamburger „Vorglüh-Klassiker". Die euphorisierend roten Wände und anregende Drinks wie der Vanilla-Gurken-Fizz versprechen den perfekten Start in die Nacht. Unter der Woche ist es ruhiger, aber nicht minder illuster. *Max-Brauer-Allee 279, Tel.: 040/43 34 21, www.facebook.com/barrossihamburg, Öffnungszeiten: Mo–Sa ab 19 Uhr*

## Chambre Basse

**Top!**

Unterirdisch, charmant, französisch: In der neuen Keller-Bar dreht sich alles um Cocktails, diese tragen als Namen Jahreszahlen, die für wichtige Ereignisse der Menschen- und Bürgerrechtsgeschichte stehen. *Schulterblatt 73, www.facebook.com/chambrebasse, Öffnungszeiten: Mo–Sa ab 18 Uhr*

BAR DACAIO

## *DIE REEPERBAHN*

Die Hamburger und die Reeperbahn – das ist eine ambivalente Beziehung, und trotzdem ist Hamburg ohne den Rotlichtbezirk unvorstellbar. Die Reeperbahn mit all ihren kleinen Gassen, Straßen und Plätzen ist das Gegengewicht zum blitzblank polierten Rest der Innenstadt. Weißen Marmor, Hochglanzspiegel und goldene Türknöpfe gibt es hier zwar auch, aber immer im Doppelpack mit dem obligatorischen Urin-Aroma und derbem Hamburger Talk. Und das ist gut so, denn der Bezirk ist nicht nur sündige Amüsiermeile für alle Nachtschwärmer, sondern auch Hamburgs Keimzelle für Subkultur, Gegenkultur und jegliche Querköpfe, die am benachbarten Hafen festmachen. Auf den 930 Metern zwischen Millerntor und Nobistor sind heute nicht nur die Traditionshäuser wie die Kneipenlegende Die Ritze, der Sexclub Safari, die Table-Dance-Bar Dollhouse und Europas ältester SM-Club, der Club de Sade, zu Hause, sondern eben auch reihenweise tolle Bars und Clubs zum Feiern. In Berlin gibt es viele Kieze, in Hamburg nur einen – und der wird tief im Herzen von allen Hanseaten heiß und innig geliebt.

## Mandalay

In adrettem Zwanzigerjahre-Ambiente (das Mandalay befindet sich in den Räumen einer alten Bank) kann man hier zu Disco und House zwischen rot-goldenen Wänden tanzen.

*Neuer Pferdemarkt 13,*
*Tel.: 040/43 21 49 22,*
*www.mandalay-hamburg.de,*
*Öffnungszeiten: Mi–Sa ab 20 Uhr*

## Saal II

Im Saal II geht es unaufgeregt zu, also nicht ausrasten, wenn plötzlich Fatih Akin oder Robert Stadlober am Nebentisch sitzen. Die und viele Ur-Hamburger genießen hier gern ihren Feierabenddrink.

*Schulterblatt 83, Öffnungszeiten:*
*Mo–Do ab 17 Uhr, Fr–So ab 10 Uhr*

## Thier

Abende im Thier beginnen mit einem lockeren Drink auf der Terrasse – und werden sehr lang. Das liegt am Hausschnaps Rhababsi und an den besten Hamburger DJs, die hier auflegen. Tipp: die Schwulen-party Ogay.

*Schulterblatt 98, Tel.: 040/41 36 93 87,*
*www.facebook.com/thier.hh,*
*Öffnungszeiten: täglich ab 19 Uhr*

## WINTERHUDE

### Berglund

Die skandinavisch angehauchte Bar ist eine absolute Bereicherung für Winterhude. Was von außen wie ein charmant in die Jahre gekommenes Hotel aussieht, entpuppt sich innen als gemütlich-eleganter Wohlfühlort junger Barbetreiber.

*Gertigstraße 14, Tel.: 040/60 43 01 94,*
*www.facebook.com/berglundbar,*
*Öffnungszeiten: täglich ab 18 Uhr*

# *Clubs*

## ALTONA

### Frau Hedis Tanzkaffee

In Hamburg feiert man im Sommer natür-lich auf dem Schiff – besser gesagt auf einer Barkasse. Eine Hafenrundfahrt mit der MS Hedi mit bester House- oder Techno-Beschallung ist ein feucht-fröhliches Ereignis.

*Bei den St. Pauli-Landungsbrücken,*
*Brücke 10, Tel.: 040/42 10 28 23,*
*www.frauhedi.de*

NACHTASYL

BERGLUND

# INNENSTADT

## Nachtasyl

Nicht nur das Theatervolk vergnügt sich gern hoch oben im Thalia Theater unter der gewölbten Bardecke. Die Theaterbar hat das Flair einer wunderschönen Schulaula, auf dem dunklen Parkett tanzen Gäste mal zu Disco, mal zu Techno.
*Alstertor 1, Tel.: 040/32 81 44 44, www.thalia-theater.de*

# KAROVIERTEL

## PAL

**Top!**

Endlich hat Hamburg wieder einen handfesten Techno-Club. André Stubbs, der schon den Baalsaal aus der Taufe gehoben hat, erntet seit der Eröffnung großen Respekt für seine internationalen Bookings. Aber auch Local Heroes bringen hier die Decke zum Schwitzen.
*Karolinenstraße 45, www.facebook.com/PALWERKS*

## Uebel & Gefährlich

Ob Techno-Großraumparty, Hip-Hop-Party oder Indie-Konzert – ein Blick auf das erstklassige Veranstaltungsprogramm des Clubs im Feldstraßenbunker lohnt sich immer. Und ein Besuch sowieso – das denkmalgeschützte Gebäude mit meterdicken Wänden ist als Party-Location legendär, der Blick über das Millerntor-Stadion bis zum Hafen einmalig.
*Feldstraße 66, Tel.: 040/31 79 36 10, www.uebelundgefaehrlich.com*

# ST. PAULI

## Baalsaal

In dem Keller-Tanzclub direkt an der Reeperbahn laufen House und Techno – und das auf einer monströsen Anlage. DJ-Stars legen in dem 200 Leute fassenden Club genauso auf wie Newcomer.
*Reeperbahn 25, www.facebook.com/baalsaalclub*

WEITER AUF SEITE 126 →

UEBEL & GEFÄHRLICH

# Vera Heimsoth

Inhaberin *Luba Luft Bar*

*Welches sind Ihre Lieblingsbars in Hamburg?*
Meine natürlich, da gehe ich auch privat am liebsten hin, wenn ich ehrlich bin. Wenn ich es schaffe, dann aber auch supergerne in den *Chug Club,* eine Cocktailbar, die auch von einer Frau geführt wird. Betty ist eine tolle Gastgeberin und die Drinks sind phänomenal.

*Welcher Stadtteil ist zurzeit der spannendste in Hamburg?*
Mit Abstand die Neustadt! Ein Viertel, das sich gerade neu entdeckt, aber komplett abseits von großen Ketten und Investoren. Es gibt Galerien, Weinbars, Kaffeeröster, Restaurants – alles inhabergeführte Läden. Und das in Hafen-, Alster-, Innenstadt- und Kieznähe.

*Was muss man in Hamburg gemacht haben?*
Auch wenn es sich abgedroschen anhört: Mit dem Kanu die Alsterkanäle entdecken, eine Hafenrundfahrt und an den Elbstrand. Das macht Hamburg einfach aus.

*Luba Luft Bar* – Am Brunnenhof 2–4, St. Pauli / *The Chug Club* – Taubenstraße 13, St. Pauli

## ROLLERSKATE JAM IM MOJO CLUB

Lockenwickler raus, rein in Glitzerleggings und Knieschützer nicht vergessen: Einmal im Monat lädt das Mojo zum Tanzvergnügen der besonderen Art. In herrlichstem Siebzigerjahre-Flair lässt es sich zu super Oldschool-Tunes von DJ Mad von den Absoluten Beginnern und Gameboimusic auf acht Rollen tanzen, cruisen und die Hüften kreisen. Rollschuhe können vor Ort ausgeliehen werden!
*Reeperbahn 1, www.mojo.de, jeden letzten Samstag im Monat, Einlass ab 19 Uhr*

### Golden Pudel Club

Der Pudel – auch bekannt als Elbphilharmonie der Herzen – ist eine der letzten Bastionen für internationale Subkultur im musikalischen Bereich. Hier geht man wegen des Line-up hin und tanzt, bis es von der Decke des kleinen Holzhäuschens tropft.
*St. Pauli Fischmarkt 27, www.pudel.com*

### Grünspan

Der polnische Widerstandskämpfer Herschel Grynszpan stand bei dem Traditions-Musikclub in der Großen Freiheit Pate – und ebenso widerständig ist manchmal das Programm: Von Progressive Rock über Metal bis Seifenpop läuft hier alles.
*Große Freiheit 58, Tel.: 040/31 79 34 83, www.gruenspan.de*

UPPEREAST

### Klubhaus

Seit Kurzem zieht die LED-Fassade des neu eröffneten Clubs alle Blicke vom Spielbudenplatz auf sich. Das Klubhaus ist ein neuer Heimathafen für Livemusik, Partys und Entertainment.
*Spielbudenplatz 21, Tel.: 040/31 77 88 35, www.klubhaus-sanktpauli.de*

### Mojo Club

Als das Mojo 2013 nach zehnjähriger Abstinenz wieder eröffnete, ging ein Jubelschrei durch Hamburgs Partyszene, schließlich ist der Club eine legendäre Institution für Dancefloor-Jazz, Acid-Jazz und jegliche Breakbeats. Das neue Mojo befindet sich komplett unterirdisch in den Tanzenden Türmen.
*Reeperbahn 1, Tel.: 040/319 19 99, www.mojo.de*

### Molotow

Das Molotow wurde 1990 gegründet und ist seit jeher feste Anlaufstelle für Konzerte rund um Indie, Rock, Punk, aber auch für Poetry Slams und elektronische Musik. Viele Bands haben vor ihrem kommerziellen Durchbruch im Molotow gespielt.
*Nobistor 14, Tel.: 040/430 11 10, www.molotowclub.com*

## Moondoo

Wer es glamourös und edel mag, geht ins Moondoo: Hier führt man sich House, Funk, Disco, Electro oder R'n'B manchmal auch in puscheligen Lounges zu Gemüte.
*Reeperbahn 136, Tel.: 040/319 55 30,*
*www.moondoo.de*

## Noho

Das Noho beeindruckt mit stylischer Ausstattung: Eine riesige Discokugel trifft auf LED-Shows und Tanzkäfig. Es läuft House und R'n'B, das Publikum ist verdächtig hip.
*Nobistor 10, Tel.: 040/41 92 69 23,*
*www.noho-club.de*

## Prinzenbar

Jugendstilstuck, pompöse Kronleuchter und kitschige Spiegel schmücken den über 20 Jahre alten Club, in dem sich ein Rockkonzert ebenso gut feiern lässt wie ein Frühclub.

*Kastanienallee 20, Tel.: 040/31 78 83 10,*
*www.docks-prinzenbar.de*

## Unterm Strich

Der gemeinnützige clubkinder e.V. hat das Unterm Strich eröffnet, bei dem alles, was am Ende der Nacht übrig bleibt, dem Stadtteil gespendet wird – jede Musikrichtung und jedes Format finden hier Platz.
*Reeperbahn 136,*
*www.untermstrich.hamburg.de*

## Uppereast

Der Club im Uppereast Hotel verspricht gehobene Clubatmosphäre inklusive Loungeecken oder auch VIP-Bereich, Lichtshows, chicen Partygästen und noch schickeren Cocktails.
*Simon-von-Utrecht-Straße 31,*
*Tel.: 040/30 99 30,*
*www.east-hamburg.de*

# Kunst & Kultur

---

*IN HAMBURG TRIFFT EIN HOCHKARÄTIGES KULTURPROGRAMM AUF EIN EBENSO HOCHKARÄTIGES PUBLIKUM.*

---

*HAMBURG IST IN ERSTER LINIE* eine wohlhabende
Kaufmannsstadt – und zeigt dies nach außen hin voller Stolz. Dass
sich hinter der blitzsauberen und funkelnden Fassade ein hochkarätiges Kunst- und Kulturprogramm verbirgt, das bis in die suspektschönen Tiefen der Subkultur reicht, vergessen die Hamburger leider
gern mal. So lässt sich hin und wieder ein leicht spöttisches Gelächter
vernehmen, wenn diskutiert wird, ob Hamburg nun eine Kulturstadt
sei oder nicht. Natürlich ist sie das! Und noch vieles mehr: Wer will,
kann jeden Tag in eine komplett neue Kulturszene eintauchen.

Mit ihren 45 Theatern, diversen Off-Spielstätten, 60 Museen,
reichlich Galerien, Konzerthäusern, zahlreichen Festivals und natürlich der Elbphilharmonie gleicht die Stadt einer riesengroßen Bühne.
Darunter befinden sich die drei Staatstheater – das *Thalia Theater,* das
*Deutsche Schauspielhaus* und die *Hamburgische Staatsoper* – ebenso wie
die *Hamburger Kunsthalle,* die *Deichtorhallen* oder *Kampnagel.* Letzteres ist ein kultureller Ort, der unter der Leitung seiner großartigen
Intendantin Amelie Deuflhard immer wieder Interventionen im
öffentlichen Raum vornimmt und politische Impulse setzt, zuletzt mit
der Beherbergung von Flüchtlingen auf dem Kampnagel-Gelände.

In Hamburg trifft ein hochkarätiges Kulturprogramm auf ein
ebenso hochkarätiges Publikum – seit jeher lässt sich das kulturelle
Angebot angesichts der Nichtexistenz eines Hofes oder Fürsten auf
private Initiativen zurückführen. Viele Institutionen, die heute von
großer internationaler Bedeutung sind, gedeihen seit den Dreißigerjahren in einem mäzenatischen und liberalen Ökosystem. Hamburgs
bekannteste Mäzene sind Harald Falckenberg mit seiner *Sammlung
Falckenberg,* Kurt A. Körber, der die renommierte Körber-Stiftung
gründete, oder Aby Warburg, dem zu Ehren seit 1980 ein hoch
dotierter Kunstpreis und zahlreiche Stipendien verliehen werden.

Aber es sind bei Weitem nicht nur die reichen Hamburger
Mäzene, die Einfluss auf das Kulturprogramm nehmen, sondern
insbesondere auch die politische Kultur, die seit Anfang der Achtzigerjahre aus der Hausbesetzerszene rund um die Hafenstraße hervorging,
im linksalternativen Milieu im Schanzenviertel gedieh und bis heute
verschrobene, aber gleichwohl für die Stadt unentbehrliche Protagonisten hervorbringt, die kontinuierlich Störfaktoren im Kulturbetrieb
sind. Angefangen bei den Punkrock-Größen Slime und Die Goldenen
Zitronen über den mittlerweile in Berlin lebenden Maler Daniel

Richter und Graffiti-Legende *OZ* bis hin zu den Autoren und Künstlern Rocko Schamoni, Jacques Palminger und Heinz Strunk mit ihrer fiktiven Achtzigerjahre-Band Fraktus. Zu diesem Ökosystem gesellt sich darüber hinaus eine Horde von Nachwuchskünstlern, die entweder der tiefsten Szene entsprungen sind oder die Hochschule für bildende Künste ihr Zuhause nennen und regelmäßig mit Installationen, Performances und Projekten jeglicher Art für Furore sorgen. Zuletzt HFBK-Absolvent Yann-Vari Schubert, der nach seinem Abschluss in Windeseile seine erste Ausstellung in der *Galerie Conradi* hatte.

Nicht nur die Geschichte der Beatles begann in Hamburg, auch wichtige musikalische Strömungen wie die Hamburger Schule mit Tocotronic und Die Sterne oder Hamburgs Hip-Hop-Kultur mit den Beginnern, Deichkind, Fettes Brot und Fünf Sterne Deluxe gingen von hier aus.

Und schlussendlich gilt Hamburg auch noch als *die* Musical-Hauptstadt Deutschlands. Hier wurde Andrew Lloyd Webbers „Cats" zum ersten Mal in Deutschland gespielt, und „Der König der Löwen" sorgt seit bald fünfzehn Jahren für Besucherrekorde.

Dass der Wiener Künstler und Kulturunternehmer André Heller 1987 seine skurril-avantgardistische Mischung aus Varieté und Zirkus „Luna Luna" ausgerechnet in Hamburg verwirklichte, kommt somit nicht von ungefähr. Finanziert vom Hamburger Bauer Verlag, fertigten damals die Künstlerstars Andy Warhol, Roy Lichtenstein und Keith Haring Seite an Seite mit damaligen Nachwuchskünstlern wie Jean-Michel Basquiat eigens Werke und sogar Fahrgeschäfte und hielten sich zum Teil eine Zeit lang in Hamburg auf.

Die Stadt am Hafen, in der das Wort zählt und Projekte per Handschlag besiegelt werden, ist trotz oder gerade wegen all ihrer Gegensätze am Ende des Tages die perfekte Keimzelle für alle Ausdrucksformen der Kunst. Oder anders ausgedrückt: Wenn Wohlstand auf Gegenkultur trifft, fliegen die Fetzen – und das in allen Genres und Disziplinen. — LISA VAN HOUTEM

## ALTSTADT

### Deichtorhallen Hamburg  **Top!**

1911 und 1913 gebaut, stellen die beiden historischen Deichtorhallen mit der offenen Stahlglasarchitektur den kulturellen und architektonischen Fixstern zwischen Hafencity und Hauptbahnhof dar – und gehören zu den größten Ausstellungshäusern für Fotografie und zeitgenössische Kunst Europas. Während in der Halle für aktuelle Kunst in Großprojekten künstlerische Positionen der Gegenwart vorgestellt werden, finden sich im Haus der Photographie Wechselausstellungen am Puls der Zeit und auf hohem internationalem Niveau. Zu den Deichtorhallen gehören außerdem die Bibliothek F. C. Gundlach mit 9000 Bänden, die Fachbuchhandlung für Photographie und das Restaurant Fillet of Soul.
*Deichtorstraße 1, Tel.: 040/321 03-0,
www.deichtorhallen.de, Öffnungszeiten:
Di–So 11–18 Uhr*

### Kunstverein in Hamburg

Der 1917 gegründete Kunstverein ist ein eingetragener und gemeinnütziger Verein, dessen Aufgabe es ist, zeitgenössische Kunst zu vermitteln. Er ist eine der ältesten Institutionen dieser Art in Deutschland. Sein Sitz ist in einer alten Markthalle, die von der Architektengemeinschaft Störmer und Partner, Floder & Simons zu einem modernen Ausstellungsort umgestaltet wurde. 2013 hat Bettina Steinbrügge die Leitung des Kunstvereins als Direktorin mit dem Ziel übernommen, verschiedene Facetten der Kunst zu vermitteln – von der Fotografie über Film bis zur Literatur. Der Kunstverein zeigt junge Kunst und stellt gleichzeitig die Frage, was sie eigentlich ist und was sie über die Gesellschaft sagt.
*Klosterwall 23, Tel.: 040/32 21 57,
www.kunstverein.de, Öffnungszeiten:
Di–So 12–18 Uhr*

## HAFENCITY

### Speicherstadtmuseum

Im Speicherblock L, der 1888 im neugotischen Stil und nach einem Entwurf des Hamburger Architekten Georg Thielen gebaut wurde, befindet sich das Speicherstadtmuseum. Es dokumentiert die Bau- und Nutzungsgeschichte der historischen Speicherstadt und zeigt in einer Dauerausstellung das Leben und den Alltag der Quartiersleute sowie ihre Lagertätigkeiten rund um Kaffeesäcke, Zuckerklatschen und Griepen.
*Am Sandtorkai 36, Tel.: 040/32 11 91,
www.speicherstadtmuseum.de,
Öffnungszeiten: Mo–Fr 10–17 Uhr,
Sa & So 10–18 Uhr*

## HARBURG

### Kunstverein Harburger Bahnhof

In den wunderschönen Räumlichkeiten eines ehemaligen Erste-Klasse-Wartesaals, direkt gegenüber von Gleis 3 & 4 des Harburger Bahnhofs, ist der Kunstverein Harburger Bahnhof zu Hause. 1999 von den ortsansässigen Künstlern René Havekost und Udo Dettmann gegründet, wird hier auf 300 Quadratmetern zeitgenössische Kunst gezeigt.
*Hannoversche Straße 85,
Tel.: 040/76 75-3896, www.kvhbf.de,
Öffnungszeiten: Mi–So 14–18 Uhr*

HAMBURGER KUNSTHALLE

## Bucerius Kunst Forum

In jährlich vier von Gastkuratoren konzipierten Ausstellungen widmet sich das Bucerius Kunst Forum der Kunst von der Antike bis zur Gegenwart. Das Ausstellungshaus wird von der gemeinnützigen ZEIT-Stiftung Ebelin und Gerd Bucerius getragen und will eine Brücke zwischen alter und moderner Kunst schlagen.
*Rathausmarkt 2, Tel.: 040/36 09 96-0,*
*www.buceriuskunstforum.de,*
*Öffnungszeiten: Fr–Mi 11–19 Uhr,*
*Do 11–21 Uhr*

## Hamburger Kunsthalle

Ein Besuch der frisch sanierten Hamburger Kunsthalle gehört zum Pflichtprogramm, schließlich beherbergen die drei wunderbaren Gebäude nahe der Alster eine der wichtigsten öffentlichen Kunstsammlungen Deutschlands. Die Ausstellung zeigt Werke aus acht Jahrhunderten Kunstgeschichte, Sammlungsschwerpunkte sind die norddeutsche mittelalterliche Malerei, die niederländische Malerei des 17. Jahrhunderts, die deutsche Malerei des 19. Jahrhunderts und die klassische Moderne. Der zeitgenössischen Kunst ist mit der Galerie der Gegenwart ein eigener Gebäudekomplex gewidmet.
*Glockengießerwall 5,*
*Tel.: 040/42 81 31-200,*
*www.hamburger-kunsthalle.de,*
*Öffnungszeiten: Di & Mi 10–18 Uhr,*
*Do 10–21 Uhr, Fr–So 10–18 Uhr*

## Museum für Kunst und Gewerbe

Als eines der führenden Museen für Kunst und Design gilt das 1877 eröffnete Museum für Kunst und Gewerbe nahe des Hauptbahnhofs. Mit Sammlungen von der Antike bis in die Gegenwart, die den europäischen, den islamischen und den fernöstlichen Kulturraum umfassen, erzählt es

MUSEUM FÜR KUNST UND GEWERBE

die Geschichte menschlicher Kreativität. Highlights sind die Jugendstilräume und natürlich die Kantine des ehemaligen Spiegel-Verlagshauses in Orange-Rot, gestaltet von dem dänischen Designer Verner Panton.
*Steintorplatz 1, Tel.: 040/42 81 34-880,*
*www.mkg-hamburg.de, Öffnungszeiten:*
*Di & Mi 10–18 Uhr, Do 10–21 Uhr,*
*Fr–So 10–18 Uhr*

## Ernst-Barlach-Museum Wedel

Das 1987 eröffnete Künstlermuseum widmet sich dem Werk von Ernst Barlach und befindet sich in seinem Geburtshaus in Wedel. Das Museum verfügt über eine Sammlung von Zeichnungen, Lithografien, Skulpturen, Holzschnitten, Briefen und Manuskripten.
*Mühlenstraße 50a,*
*Tel.: 040/82 60 85, www.barlach-haus.de,*
*Öffnungszeiten: Di–So 11–18 Uhr*

WEITER AUF SEITE 138 ➜

# Eveline Hall

—

Balletttänzerin, Sängerin,
Schauspielerin & Model

—

*Ich lebe gern in Hamburg, weil …*
… ich mit der Hamburgischen Staatsoper immer noch in enger
emotionaler Verbindung stehe und mich in künstlerischen Fragen
nach wie vor gerne an das Haus wende. Außerdem liebe ich die
*Alster* und den Spaziergang dort. Besonders, wenn die Alster
zugefroren ist. Es gibt nichts Schöneres!

*Meine drei Hamburger Kultur-Highlights sind …*
… das *Thalia Theater*, die *Laeiszhalle* und das *Schauspielhaus*.

*Was sollte man in Hamburg unbedingt erlebt haben?*
Bestimmte Amüsements auf dem Kiez, wie das *Pulverfass Cabaret,*
und anschließend gehe ich auf den *Hamburger Dom*.

*Was inspiriert Sie an Hamburg?*
Meine schöne Kindheit, die ich in Hamburg-Eppendorf erleben
konnte. Diese Freiheit ist mit mir verwachsen.

*Alster* – Harvestehude / *Thalia Theater* – Alstertor 1, Innenstadt / *Laeiszhalle* – Johannes-
Brahms-Platz 1, Neustadt / *Deutsches Schauspielhaus* – Kirchenallee 39, St. Georg /
*Pulverfass Cabaret* – Reeperbahn 147, St. Pauli / *Hamburger Dom* – Heiligengeistfeld,
St. Pauli

## WILHELMSBURG

### Hafenmuseum Hamburg

Wer Hamburg von der südlichen Elbseite aus bewundern möchte, setzt über nach Wilhelmsburg und besucht das Hafenmuseum. Der Blick über den Freihafen mit der Hamburger Skyline inklusive Michel, Fernsehturm und Köhlbrandbrücke ist einmalig. Anhand der Sammlung zum Hamburger Schiffbau und Güterumschlag lässt es sich besonders tief in die Geschichte des Hamburger Hafens eintauchen.

*Australiastraße 50b, Tel.: 040/73 09 11 84, www.hafenmuseum-hamburg.de, Öffnungszeiten: Di–So 10–18 Uhr*

### Kunstmeile Hamburg

*Ein Ticket, fünf Häuser: Das Bucerius Kunst Forum, die Deichtorhallen, die Hamburger Kunsthalle, der Kunstverein Hamburg und das Museum für Kunst und Gewerbe laden zum Flanieren und Entdecken auf der Kunstmeile ein.*

*www.kunstmeile-hamburg.de*

## Private Sammlung

### HARBURG

### Sammlung Falckenberg

Der Jurist und Unternehmer Harald Falckenberg hat sich der Gegenwartskunst verschrieben und ist mit seiner Sammlung seit 2001 in den Phoenix-Hallen in Hamburg-Harburg zu finden. Hier werden Künstler wie Jon Kessler, Robert Wilson oder Paul Thek gezeigt – außerdem dauerhafte Installationen von John Bock, General Idea, Thomas Hirschhorn, Mike Kelley, Jon Kessler, Jonathan Meese oder Gregor Schneider.

*Wilstorfer Straße 71, Tel.: 040/30 38 68 95, www.sammlung-falckenberg.de, Öffnungszeiten: Führungen samstags um 15 Uhr und sonntags um 12 Uhr & 15 Uhr*

## Galerien

### ALTONA

### Stilwerk Limited Edition Design Gallery

*Große Elbstraße 68, 5. OG, Tel.: 040/28 80 94 83, www.stilwerk-designgallery.com, Öffnungszeiten: Di–Fr 10–19 Uhr, Sa 10–18 Uhr*

### ALTSTADT

### Flo Peters Gallery

*Chilehaus C, Pumpen 8, Tel.: 040/30 37 46 86, www.flopetersgallery.com, Öffnungszeiten: Di–Fr 12–18 Uhr, Sa 11–15 Uhr*

### Galerie Borchardt

*Hopfensack 19, Tel.: 040/38 89 88, www.galerie-borchardt.de, Öffnungszeiten: Di–Fr 12–18 Uhr, Sa 11–16 Uhr*

### Galerie Evelyn Drewes

*Sprinkenhof, Burchardstraße 14, Tel.: 0151/11 53 62 22, www.evelyndrewes.de, Öffnungszeiten: Di–Fr 14–18 Uhr*

### Galerie Nanna Preußners

*Galeriehaus Hamburg, Klosterhaus 13, Tel.: 040/32 96 76 71, www.nannapreussners.de, Öffnungszeiten: Di–Fr 12–18 Uhr, Sa 12–16 Uhr*

## Mikiko Sato Gallery

*Klosterwall 13, Tel.: 040/32 90 19 80,*
*www.mikikosatogallery.com, Öffnungs-*
*zeiten: Di–Fr 12–18 Uhr, Sa 12–16 Uhr*

## EPPENDORF

## Circle Culture Gallery

*Bismarckstraße 98,*
*Tel.: 040/554 34 39 55,*
*www.circleculture-gallery.com*
*Öffnungszeiten: Do–Fr 12–19 Uhr*

## Only Art Club

*Eppendorfer Weg 235, Tel.: 040/36 03 56 84,*
*www.onlyartclub.com, Öffnungszeiten:*
*Di–Fr 12–20 Uhr, Sa 14–20 Uhr*

## INNENSTADT

## Dorothea Schlüter

*Große Bäckerstraße 4, Tel.: 040/31 97 37 63,*
*www.dorotheaschlueter.com, Öffnungs-*
*zeiten: Mi–Fr 12–18 Uhr, Sa 12–15 Uhr*

## Galerie Conradi

*Admiralitätstraße 71, Tel.: 040/36 09 85 15,*
*www.galerie-conradi.de, Öffnungszeiten:*
*Mi–Sa 12–18 Uhr*

## Galerie Karin Guenther

*Admiralitätstraße 71,*
*Tel.: 040/37 50 34 50,*
*www.galerie-karin-guenther.de,*
*Öffnungszeiten: Mi–Fr 14–18 Uhr,*
*Sa 12–15 Uhr*

## Galerie Melike Bilir

*Admiralitätstraße 71,*
*Tel.: 040/29 89 73 82,*
*www.melikebilir.com, Öffnungszeiten:*
*Mi–Fr 15–18 Uhr, Sa 14–16 Uhr*

## Persiehl & Heine Galerie für Fotografie

*Bergstraße 11, Tel.: 040/74 32 05 20,*
*www.persiehl-heine.de, Öffnungszeiten:*
*Di–Fr 11–18 Uhr, Sa 11–16 Uhr*

## Produzenten Galerie

*Admiralitätstraße 71, Tel.: 040/37 82 32,*
*www.produzentengalerie.com,*
*Öffnungszeiten: Di–Fr 11–14 Uhr &*
*15–18 Uhr, Sa 11–15 Uhr*

## KAROVIERTEL

## Galerie Die Schlumper

*Marktstraße 131, Tel.: 040/43 09 21 98,*
*www.schlumper.de,*
*Öffnungszeiten: Mi–Fr 16–19 Uhr,*
*Sa 11–17 Uhr, So 14–17 Uhr*

## NEUSTADT

## Feinkunst Krüger

*Kohlhöfen 8, Tel.: 040/31 79 21 58,*
*www.feinkunst-krueger.de,*
*Öffnungszeiten: Do & Fr 12–19 Uhr,*
*Sa 12–18 Uhr*

## Galerie Kai Erdmann

*Klosterwall 4, Tel.: 040/32 52 73 10,*
*www.galeriekaierdmann.de,*
*Öffnungszeiten: Mi–Fr 11–18 Uhr,*
*Sa 11–14 Uhr*

## Golden Hands

*Kaiser-Wilhelm-Straße 85,*
*Tel.: 040/35 71 55 57,*
*www.goldenhandsgallery.com,*
*Öffnungszeiten: Mi–Sa 13–18 Uhr*

OZM ART SPACE GALLERY

## Heliumcowboy

*Bäckerbreitergang 75,*
*Tel.: 040/48 40 88 60,*
*www.heliumcowboy.com,*
*Öffnungszeiten: nach Vereinbarung*

## ST. PAULI

### Affenfaust Galerie

**Top!**

*Paul-Roosen-Straße 43,*
*Tel.: 040/84 89 88 58, www.affenfaust.org,*
*Öffnungszeiten: Termine werden bekannt*
*gegeben auf Facebook*

## Projekte, Räume & Orte

## ALTSTADT

### Kunsthaus Hamburg

Das Kunsthaus, gleich neben dem Kunstverein gelegen, versteht sich als Ort der
Kommunikation und als Diskussionsplatt-
form für aktuelle gesellschaftsrelevante
Fragen. Nachwuchskünstler werden auf
500 Quadratmetern in wechselnden Einzel-
und Gruppenausstellungen präsentiert.
*Klosterwall 15, Tel.: 040/33 58 03,*
*www.kunsthaushamburg.de,*
*Öffnungszeiten: Di–So 11–18 Uhr*

## INNENSTADT

### Multiple Box

„Kunst für jedermann" ist das Credo des
Künstlers und Galeristen Siegfried Sander,
der ab den Siebzigerjahren mit Joseph
Beuys zusammenarbeitete. In dem Kunst-
haus Multiple Box an der Fleetinsel gibt
es Auflagenkunst junger Künstler sowie
Editionen und Klassiker zu erwerben.
*Admiralitätstraße 76, Tel.: 040/37 51 75 10,*
*www.multiple-box.de, Öffnungszeiten:*
*Di–Fr 11–19 Uhr, Sa 11–17 Uhr*

## KAROVIERTEL

### Hinterconti

Hinter dem eingetragenen Verein verbirgt
sich ein Zusammenschluss Hamburger
Kunst- und Kulturschaffender. Seit 2000
werden hier wöchentlich wechselnde Ausstellungen organisiert – mit Künstlern aus
Hamburg und der ganzen Welt.
*Marktstraße 40a, www.hinterconti.de*

## STERNSCHANZE

### OZM Art Space Gallery

Mitten im Hamburger Schanzenviertel befindet sich die OZM Art Space Gallery, die
auf 400 Quadratmetern Urban-Art mit dem
Schwerpunkt Graffiti und Street-Art präsentiert. Der Ort verändert sich mit jedem
Künstler, der dazustößt.
*Bartelsstraße 65, Tel.: 040/50 71 95 08,*
*www.onezeromore.com, Öffnungszeiten:*
*Do & Sa 13–19 Uhr*

WEITER AUF SEITE 148 →

# Moshtari Hilal

## Künstlerin

*Wo verbringen Sie am liebsten warme Tage in Hamburg?*
Am *Elbstrand* oder im Botanischen Garten *Planten un Blomen*.
Dort bin ich mitten in der Natur – und gleichzeitig mitten in
der Stadt.

*Ihr Lieblingscafé?*
Welches Café nicht zu unterschätzen ist: *Café Dilo* am Grindel,
denn dort gib es neben frischem Pide und Gözleme die warm-
herzigsten Mitarbeiter. Rund um die Mittagszeit sitzen hier
Professoren und Studierende, die ihre neuesten Arbeiten
diskutieren.

*Wenn Sie an Hamburg denken, denken Sie an …*
… den Bahnhof Schlump im Stadtteil Eimsbüttel, um den sich ein
Großteil meines Lebens dreht. All die Abende, an denen ich dort
auf meinen Bus wartete oder von dort aus zu den Ereignissen
meines Lebens gefahren bin.

*Was würden Sie ändern, wenn Sie Bürgermeisterin von
Hamburg wären?*
Wenn ich Bürgermeisterin von Hamburg wäre, würde ich kosten-
freie öffentliche Verkehrsmittel, freies WLAN an zentralen
Orten und freien Eintritt in alle Theater und Museen einführen.
Mobilität und Zugang zu Kultur können Leben verändern und
sollten nicht exklusiv sein.

*Elbstrand* – Altona / *Planten un Blomen* – Jungius Straße 1, Innenstadt / *Café Dilo* –
Grindelallee 34, Grindelviertel

## STREET-ART

Über 20 Murals aus insgesamt sechs Jahrzehnten schmücken mittlerweile Hamburgs Wände. Angesichts der großen und stetig florierenden Graffiti-Szene ist dies kein Wunder, sind doch Graffiti- und Street-Art-Szene in Hamburg eng miteinander verwoben und bespielen gemeinsam vor allem St. Pauli, das Karo- und das Schanzenviertel als eine Art Freiluftgalerie. Berühmtester Protagonist ist und war zweifelsohne OZ, der Großvater der Sprüherszene, der sich mit schätzungsweise rund 130.000 Smiley- und OZ-Tags für immer in Hamburg verewigt hat und leider – wie sollte es anders sein – 2014 beim Sprühen auf den Bahngleisen den Tod fand. Der Künstler Marshal Arts wiederum ist durch OZ zur Street-Art gekommen, eines seiner Werke zeigt eine Frau, die ein Selfie von sich macht, während sie das Victory-Zeichen macht – dabei aber in eine Waffe blickt. Seine Paste-ups werden mittlerweile in New York ausgestellt. Dann ist da noch Das OLF, der politische Botschaften mitsendet und uns auffordert: Reclaim your Identity! Reclaim your Brain! Aktuell mischen die Calligraffiti-Artists XULI und Anna T-Iron die Street-Art-Szene auf: XULI gestaltete einen kompletten Kubus beim MS Artville, und Anna T-Iron verdanken wir das großartige Dìa-de-los-Muertos-Mural bei der Bar Roosen. Essenziell für die Hamburger Street-Art-Szene ist die noch junge, aber schon heiß und innig geliebte

LOW BROS

LOW BROS

Affenfaust Galerie, die als Inkubator fungiert und in kürzester Zeit zum Mittelpunkt für urbane Kunst in Hamburg geworden ist. Dass Street-Art in Hamburg nie aussterben wird, dafür sorgt die Stadt mit ihren Industrieflächen und dem Hafengebiet selbst – und schließlich gehört diese Kunstform zu einer weltoffenen Stadt einfach dazu.

Die drei bekanntesten Murals sind:
- *Black Widow* von Nychos, *Caffamacherreihe*
- *Fischernetz* von Innerfiels, *Lippmannstraße*
- *Fisch-Mural* von Low Bros, *Wohlwillstraße*

ANNA T-IRON

# Egle Otto

### Künstlerin

*Alster oder Elbe?*

Die Elbe – am allerliebsten das *Falkensteiner Ufer!* Wenn man allerdings ein ausführliches Gespräch führen möchte, dann ist das Umrunden der Alster fantastisch dafür geeignet. Die Größe der *Außenalster* entspricht genau der Länge eines gut geführten Dialogs.

*Als Künstlerin lebt es sich in Hamburg gut, weil …*

… hier das Wort zählt. Absprachen werden verbindlich eingehalten, das ist super, um Projekte zu realisieren. Außerdem gibt es hier ein kaufstarkes Publikum. Das ist von großem Vorteil, wenn es darum geht, die teuren Mieten in dieser Stadt zu finanzieren.

*Welche Galerien sollte man in Hamburg besuchen?*

Die *Sammlung Falckenberg* in Harburg ist ein echtes Erlebnis, genauso wie die *Deichtorhallen* – in der Halle für aktuelle Kunst finden regelmäßig großartige Ausstellungen statt. Der *Kunstverein* sorgt immer wieder für Kontroversen, die ich im Sinne eines Diskurses für sehr wertvoll halte. Und von den Galerien in der *Admiralitätstraße* aus kann man einen Schlenker zu *Feinkunst Krüger* machen und dann die Galerien im *Kontorhausviertel* besuchen.

*Was inspiriert Sie an Hamburg?*

Inspirierend in und an Hamburg ist die Luft dieser Hansestadt. Ich liebe es sehr, dass ich immer wieder Möwen in meinem Hinterhof beobachten kann. Die Verdichtung rund um das *Millerntor-Stadion* mit den singenden Menschenmassen beim Spiel vom FC St. Pauli, der *Dom*, der *Bunker* und die *Rindermarkthalle*, der *Schlachthof* und die *Marktstraße* wirken auch nach über einem Jahrzehnt immer noch euphorisierend auf mich.

*Falkensteiner Ufer* – Blankenese / *Außenalster* – Harvestehude / *Sammlung Falckenberg* – Wilstorfer Straße 71, Harburg / *Deichtorhallen* – Deichtorstraße 1, Altstadt / *Kunstverein in Hamburg* – Klosterwall 23, Altstadt / *Galerien in der Admiralitätstraße* – Admiralitätstraße 71, Neustadt / *Feinkunst Krüger* – Kohlhöfen 8, Neustadt / *Galerien im Kontorhausviertel* – Altstadt / *Millerntor-Stadion* – Harald-Stender-Platz 1, St. Pauli / *Hamburger Dom* – Heiligengeistfeld, St. Pauli / *Bunker* an der Feldstraße 66, St. Pauli / *Rindermarkthalle* – Neuer Kamp 31, St. Pauli / *Schlachthof* – Karoviertel / *Marktstraße* – Karoviertel

# Events

## add art
Jedes Jahr an einem Wochenende im November öffnen Hamburger Unternehmen und Institutionen ihre Räume und zeigen Kunst – vorhandene Kunst oder speziell für die Veranstaltung ausgewählte Kunst von Nachwuchskünstlern der HAW Hamburg.
*www.addart.de*

## Affordable Art Fair
Bei der jährlich im November stattfindenden Affordable Art Fair sind um die 75 renommierte nationale und internationale Galerien dabei, die Arbeiten zeitgenössischer Künstler bis 7500 Euro präsentieren.
*www.affordableartfair.com*

## Knotenpunkt Festival
**Top!**
Organisiert und kuratiert von der Affenfaust Galerie, wird die Stadt Hamburg während des Knotenpunkt Festivals zum Mittelpunkt für urbane Kunst. Das Festival wird begleitet von Aktionen im öffentlichen Raum, darunter Installationen, Performances und Fassadenmalerei.
*www.knotenpunkt.net*

## Lange Nacht der Museen
Mehr als 50 Museen und Ausstellungshäuser feiern jährlich im April die Lange Nacht der Museen. Zwischen 18 und 2 Uhr gibt es ein beeindruckendes Programm mit knapp 700 Einzelveranstaltungen: Führungen, Kulinarisches, Musik, Tanz und mehr.
*www.langenachtdermuseen-hamburg.de*

## salondergegenwart
Über 160 zeitgenössische Positionen hat der salondergegenwart seit 2011 gezeigt – die Veranstaltung des Ideengebers Christian Holle findet jährlich im November statt. Mit dabei sind etablierte Künstler und Nachwuchskünstler.
*www.salondergegenwart.de*

# Theater

## ALTONA

## Altonaer Theater
Literarische Vorlagen und historische Stoffe sind das Steckenpferd des privaten Theaters. Mephisto feierte hier ebenso Erfolg wie der Bestseller „Der Hundertjährige, der aus dem Fenster stieg".
*Museumstraße 1, Tel.: 040/39 90 58 70, www.altonaer-theater.de*

## Thalia in der Gaußstraße
Das Thalia in der Gaußstraße ist eine Dependance des Thalia Theaters, steht für klassisches und modernes Schauspiel und widmet sich besonders dem multinationalen Zusammenhang – ein Kreativort für junge künstlerische Initiativen.
*Gaußstraße 190, Tel.: 040/30 60 39-10, www.thalia-theater.de*

THALIA IN DER GAUSSSTRASSE

KNOTENPUNKT FESTIVAL

## ALTSTADT

### Das Schiff
Großes Theater auf kleinem Raum:
Seit 35 Jahren steht Das Schiff, das im
schönen Nikolaifleet liegt, für Theater,
Kabarett und Literatur auf hohem Niveau.
*Nikolaifleet, Holzbrücke 2,*
*Tel.: 040/69 65 05-80,*
*www.theaterschiff.de*

### Die 2te Heimat
Angelehnt an die Salonkultur des vergangenen Jahrhunderts, lässt sich hier ein
besonderer Mix aus Kultur und Kulinarik
genießen. Nach der Aufführung kann man
sich beim Essen mit dem Tischnachbarn
über das Stück austauschen.
*Max-Brauer-Allee 34,*
*Tel.: 040/30 60 65 41,*
*www.die2teheimat.de*

## INNENSTADT

### Thalia Theater
Seit 2009 leitet Intendant Joachim Lux das
Thalia Theater, das für mutige und progres-
sive Inszenierungen steht. Derzeit sorgt
Regie-Ausnahmetalent Antú Romero Nunes
für Furore.
*Alstertor 1, Tel.: 040/32 81 44-44,*
*www.thalia-theater.de*

## ST. GEORG

### Deutsches Schauspielhaus
Deutschlands größtes Sprechtheater
befindet sich seit 1899 direkt am Hauptbahnhof. Unter Gustaf Gründgens
erlebte das Haus seine größte Glanzzeit,
unvergessen seine Inszenierung des
„Faust" 1960. Seit 2013 ist Karin Beier
Intendantin und Regisseurin zugleich.
*Kirchenallee 39, Tel.: 040/248 71-0,*
*www.schauspielhaus.de*

DEUTSCHES SCHAUSPIELHAUS

SCHMIDTS TIVOLI

## Ohnsorg Theater
Das Ohnsorg Theater ist ein echtes Hamburger Original mit viel Herz und plattdeutscher Schnauze.
*Heidi-Kabel-Platz 1,*
*Tel.: 040/35 08 03-0, www.ohnsorg.de*

UHLENHORST

## ST. PAULI

### Ernst Deutsch Theater
1951 von den Schauspielern Friedrich Schütter und Wolfgang Borchert gegründet, ist das Ernst Deutsch Theater ein Ort für zeitgenössische Dramatik und gesellschaftspolitische Auseinandersetzungen.
*Friedrich-Schütter-Platz 1,*
*Tel.: 040/22 70 14-20,*
*www.ernst-deutsch-theater.de*

### Schmidts Tivoli
Das Schmidt Theater, das Schmidtchen und das Schmidts Tivoli ergeben das schrillplüschige Dreiergespann auf dem Kiez, das 1988 von Corny Littmann gegründet wurde.
*Spielbudenplatz 27, Tel.: 040/31 77 88 99,*
*www.tivoli.de*

### St. Pauli Theater
Kiez pur bedeuten die Bretter des St. Pauli Theaters. Das schöne, unter Denkmalschutz stehende Haus ist das älteste Privattheater der Stadt und versteht sich heute als modernes Volkstheater.
*Spielbudenplatz 29–30,*
*Tel.: 040/47 11 06 66,*
*www.st-pauli-theater.de*

*Tanz*

### Hamburg Ballett
Die Ballettkompanie unter dem Ballettintendanten und Chefchoreografen John Neumeier ist in der Hamburgischen Staatsoper zu Hause, tritt aber auch regelmäßig auf anderen Bühnen im In- und Ausland auf.
*www.hamburgballett.de*

WEITER AUF SEITE 154 →

## KAMPNAGEL

Man kann sie liebevoll als Hofnarren der Stadt bezeichnen, die Theater-, Tanz- und Performancegruppen, die Kampnagel-Intendantin Amelie Deuflhard um sich schart. Kampnagel war ursprünglich eine Maschinen-fabrik in Hamburg-Winterhude, die 1865 gegründet wurde und seit 1982 als Veranstaltungsort für zeitgenössische darstellende Kunst über die Stadtgren-zen hinaus bekannt ist. Freie Gruppen wie Showcase Beat Le Mot oder She She Pop sind hier zu Hause, und das Internationale Sommerfest ist jeden August Garant für ein kulturell-explosives Programm aus allen Genres. Aber Kampnagel kann nicht nur Kunst, sondern auch Politik: Im Rahmen des Kunstprojekts *ecoFavela Lampedusa Nord* hatte Amelie Deuflhard fünf afrikanischen Flüchtlingen in einem der Roten Flora nachempfundenen Gebäude auf dem Kampnagel-Gelände Zuflucht gewährt und so für mehr Solidarität geworben.
*Jarrestraße 20, Tel.: 040/27 09 49-49, www.kampnagel.de*

# *Bettina Steinbrügge*
—
Direktorin des Kunstverein in Hamburg
—

*Was ist für Sie besonders norddeutsch?*
Spezifisch norddeutsch ist für mich eine gewisse Klarheit und
Direktheit. Das bedeutet, ohne Umwege direkt auf den Punkt zu
kommen. Die Hamburger sind extrem sympathisch, und die Stadt
zeichnet sich durch wunderbares Licht und sehr gute Luft aus.

*Welches ist Ihr Hamburger Lieblingsviertel?*
Ich mag besonders das Grindelviertel, wo ich mich an freien Tagen
sehr gern aufhalte. Es gibt nette Bars, sehr feine Restaurants und
ein hervorragendes Programm im *Abaton-Kino*. Außerdem liebe ich
es, an der *Alster* spazieren zu gehen, denn es ist außergewöhnlich,
einen solchen Ort mitten in der Stadt zu haben.

*Was macht Hamburg zur Kulturstadt?*
Die Stadt Hamburg hat sehr gute Institutionen in allen Bereichen.
Das *Schauspielhaus* ist hervorragend, genauso das *Thalia Theater*.
*Kampnagel* sorgt für ein sensationelles Kulturprogramm, und ich
freue mich sehr über die *Elbphilharmonie* und ihr vielversprechen-
des Programm. Im Kunstbereich möchte ich die *Kunsthalle*,
die *Deichtorhallen*, das *Kunsthaus* und das *Museum für Kunst und
Gewerbe* nennen, die alle Ausstellungen auf sehr hohem
Niveau zeigen.

*Abaton-Kino* – Allende-Platz 3, Grindelviertel / *Alster* – Harvestehude / *Deutsches
Schauspielhaus* – Kirchenallee 39, St. Georg / *Thalia Theate*r – Alstertor 1, Innenstadt /
*Kampnagel* – Jarrestraße 20, Winterhude / *Elbphilharmonie* – Platz der deutschen Einheit 1,
Hafencity / *Kunsthalle* – Glockengießerwall, Innenstadt / *Deichtorhallen* – Deichtorstraße
1, Altstadt / *Kunsthaus Ham*burg – Klosterwall 15, Altstadt / Mus*eum für Kunst und
Gewer*be – Steintorplatz 1, Innenstadt

## MS DOCKVILLE

Hamburg hat ein Festival, das so perfekt zur Stadt passt wie der Fisch zum Brötchen – seit 2007 schreiben 25.000 vorrangig junge Besucher beim dreitägigen MS Dockville jeden August Festivalgeschichte. Das Besondere am Dockville ist dabei die Verbindung von Musik und bildender Kunst. Während Bands, DJs und Acts wie Caribou, Die Antwoord, Four Tet oder die Antilopen Gang auf einer der drei detailverliebten Bühnen – die hier Horn, Butterland und Nest heißen – auftreten, gibt es auf dem Artville-Gelände Kunst, Design und versteckte Plätze zum Abhängen zu entdecken.

Dabei kann man sich allein schon an der genialen Kulisse nicht satt-sehen, inmitten von Hafen-Industrie wird man auf einer der größten Fluss-inseln Europas getanzt, an der ab und zu ein Schiff vorbeituckert – des Öfteren auch im knöcheltiefen Matsch, was nicht weniger charmant ist. Der Sonnenunter- und -aufgang sind atemberaubend, die Stimmung reicht im wahrsten Sinne des Wortes von feucht-fröhlich über ekstatisch bis kitschig-romantisch.

So pilgern junge Abiturienten ebenso zum Dockville wie Regen liebende Kreativhipster oder einfach Kunstinteressierte – und das schon Wochen vor dem Festivalstart. Das schöne Gelände wird dann vom Veran-staltungsteam bespielt: mit Open-Airs wie dem Vogelball, Kunstevents und Minifestivals wie dem Spektrum Festival.

*Alte Schleuse 23, www.msdockville.de*

## Oper

### Hamburgische Staatsoper

Die Hamburgische Staatsoper am Gänse-markt vereint unter ihrem Dach die Staats-oper Hamburg, das Philharmonische Staats-orchester Hamburg und das Hamburg Ballett. Auf dem Spielplan stehen packende Neuins-zenierungen ebenso wie klassischer Tanz.

*Große Theaterstraße 25, Tel.: 040/35 68-0, www.staatsoper-hamburg.de*

## Musical

### Stage Entertainment

Hamburg ist *die* Musical-Hauptstadt Deutsch-lands. Hier wurde Andrew Lloyd Webbers „Cats" zum ersten Mal in Deutschland ge-spielt. Zu den aktuellen Produktionen von Stage Entertainment gehören „Der König der Löwen", „Kinky Boots" und „Aladdin".

*www.stage-entertainment.de*

## Festivals

### Internationales Sommerfestival

Das Internationale Sommerfestival auf Kamp-nagel zeigt jeden August über 50 avantgar-distische Performances und Projekte aus Tanz, Theater, Musik, Film und bildender Kunst.

*www.kampnagel.de/internationales-sommerfestival*

MS DOCKVILLE

## Reeperbahn Festival

Deutschlands größtes Clubfestival findet jährlich Ende September mit mehreren hundert Programmpunkten rund um die Reeperbahn statt.
*www.reeperbahnfestival.com*

## Uberjazz Festival

Ein Festival für Jazz ohne Grenzen, von elektronisch bis akustisch, von alt bis neu, von Death Metal bis Afro Jazz.
*www.ueberjazz.com*

## Hamburger Ballett Tage

Der Höhepunkt der Hamburger Ballett Tage unter der Leitung von John Neumeier ist jedes Jahr die fünfstündige Nijinsky-Gala.
*www.hamburgballett.de*

## Harbour Front Literaturfestival

Beim Harbour Front Literaturfestival trifft sich die Literaturszene im Hamburger Hafen: Neuerscheinungen werden mittels Lesungen an ungewöhnlichen Orten vorgestellt.
*www.harbourfront-hamburg.com*

## Elbphilharmonie

Sie ist das neue Wahrzeichen der Stadt, ein „Kulturdenkmal für alle" und ob die Klangwirkung im Großen Saal, der dem Prinzip der „Weinberg-Architektur" folgt, nun wirklich so weltweit einzigartig und spektakulär ist, darüber wird noch gestritten. Wie immer hilft nur, sich ein eigenes Urteil zu bilden und mit etwas Glück lässt sich eins der heiß begehrten Tickets für einen musikalischen Abend in der Elphi ergattern. Im Großen Saal ist das NDR Elbphilharmonie Orchester unter der Leitung von Thomas Hengelbrock zu Hause. Das facettenreiche Programm der Elbphilharmonie umfasst Konzerte aus Klassik,

Jazz, World Music, Avantgarde, Elektronische Musik und Pop.
*Platz der Deutschen Einheit 4,*
*www.elbphilharmonie.de*

## Laeiszhalle

Seit mehr als hundert Jahren ist die Laeiszhalle Hamburgs erste Adresse für Konzertveranstaltungen. Das schöne Gebäude im neobarocken Stil bietet dabei auch Raum für populäre Musik – z.B. für Techno-Größen wie Carl Craig oder Nicolas Jaar – und ist Wegweiser in Sachen musikalischer Zukunft.
*Johannes-Brahms-Platz 1,*
*www.elbphilharmonie.de/laeiszhalle*

## Philharmonisches Staatsorchester Hamburg

Der amerikanische Dirigent Kent Nagano ist der Generalmusikdirektor des Philharmonischen Staatsorchesters Hamburg, das Konzerte in der Laeiszhalle sowie Opern- und Ballettaufführungen in der Hamburgischen Staatsoper spielt.
*www.staatsorchester-hamburg.de*

## Beta Lounge

Samstags geht man zwischen Dinner und Party am besten in die Hamburger Botschaft zur Beta Lounge und lauscht experimenteller elektronischer Musik Hamburger Musiker.
*Sternstraße 67, www.betalounge.com*

## Literaturhaus

Literaturliebhaber begeben sich direkt in die weiße Villa an der Außenalster, suchen sich ein Buch in der Buchhandlung Samtleben aus, lesen es im Literaturhauscafé und besuchen abends eine spannende Lesung.
*Schwanenwik 38,*
*www.literaturhaus-hamburg.de*

# Maria Gresz

Moderatorin und Redaktionsleiterin

*Welche Hamburger Künstler sollte man kennen?*

Ich bin ein großer Fan der Arbeiten von Henning Kles, Stefan Marx, Stefan Vogel, Thomas Baldischwyler, Paula Baader und 4000.

*Welche Galerien oder Kunstveranstaltungen besuchen Sie gern?*

In die *Galerie Conradi* gehe ich sehr gern, außerdem besuche ich regelmäßig *Feinkunst Krüger,* die *Galerie Karin Guenther* und schaue mir die jährliche Ausstellungsreihe *Index* im Kunsthaus an. Ebenfalls empfehlenswert sind die *Produzentengalerie* und die Jahresausstellungen der *HFBK.*

*Hamburg ist eine Kulturstadt, weil …*

… es – abgesehen von der Elbphilharmonie – schon jetzt bezahlbare Kunst für jeden gibt.

*Galerie Conradi* – Admiralitätstraße 71, Neustadt / *Feinkunst Krüger* – Kohlhöfen 8, Neustadt / *Galerie Karin Guenther* – Admiralitätstraße 71, Neustadt / *www.index-hamburg.de* / *Produzentengalerie* – Admiralitätstraße 71, Neustadt / *HFBK* – Lerchenfeld 2, Uhlenhorst

# Beauty & Entspannung

---

*BEAUTY-TREATMENTS,
NISCHENDÜFTE, MAKE-UP-BARS UND
DIE SCHÖNSTEN JOGGINGSTRECKEN
AM WASSER.*

---

*WER IM IM SOMMER* zu Besuch in Hamburg ist – oder Glück mit dem Wetter hat – und seinem Körper etwas Gutes tun will, nutzt am besten Hamburgs zahllose schöne Plätze am Wasser aus, um die Sonne und frische Luft zu genießen oder Sport zu treiben. Eine beliebte Joggingstrecke ist zum Beispiel die Runde um die Außenalster, die gut 7 Kilometer misst und einen traumhaften Panoramablick beinhaltet. Nicht selten trifft man hier Johannes B. Kerner, Cornelia Poletto oder Kai Pflaume auf der Laufstrecke. Ebenso bieten die Elbe in Richtung Blankenese und Hamburgs viele grüne Parks, wie *Planten un Blomen* oder der *Stadtpark,* besondere Kulissen fürs Joggen, Walken und Radfahren.

Auch wer sich – nach dem Sport oder einfach so – verwöhnen lassen will, findet in der Hansestadt zahlreiche gute Adressen für Massagen, Treatments, Mani- oder Pediküre, Styling, oder auch Rundum-Entspannung im Day Spa. In Hamburgs Make-up-Bar *Beautery* lassen sich Hamburgerinnen gerne für einen besonderen Anlass schminken und stylen – oder in Sachen Make-up beraten. Wobei ein dezenter Look, bei dem höchstens die Lippen klassisch in Rot betont werden, der liebste der Hamburgerinnen ist.

An verregneten Tagen sind beispielsweise das *Meridian Spa* oder die Day Spas in den Hotels *Gastwerk* und *The George* wunderbare Oasen der Ruhe und Erholung. Nach ein paar Saunagängen und einer Massage ist das trübe Hamburger Wetter vergessen und Körper sowie Geist sind voller neuer Energie.

Beauty-Liebhaber, die Lust auf Shopping haben, kommen nicht nur in der riesigen Kosmetikabteilung des *Alsterhauses,* in der alle großen Brands vertreten sind, auf ihre Kosten, sondern auch in besonderen Boutiquen wie *Harald Lubner, Sahling Düfte* in der Innenstadt oder in der Hamburger Filiale des angesagten australischen Labels *Aesop,* das exklusiv in Hamburg auch Behandlungen anbietet.

— ANNA WEILBERG

AGONIST

AGONIST

AGONIST

HARALD LUBNER

## KOSMETIK & DAY SPAS

### BLANKENESE

#### Ovieschön

Maria Ovie hat ihr Kosmetikstudio eröffnet, nachdem sie Erfahrung bei renommierten Instituten in Hamburg gesammelt hat. Bei Ovieschön bietet die gelernte Kosmetikerin und Physiotherapeutin nicht nur Kosmetik-behandlungen (mit Produkten von Grown Alchemist und The Organic Pharmacy), sondern auch Massagen an.
*Blankeneser Bahnhofstraße 40,*
*Tel.: 040/86 64 74 44, www.ovieschoen.de,*
*Öffnungszeiten: Di–Fr 9–19 Uhr,*
*Sa 8–14 Uhr*

### EPPENDORF

#### Meridian Spa

Wer eine Pause vom Alltag braucht, kann hier in der Sauna oder im Whirlpool entspannen, sich eine Massage oder Ayurveda-Behandlung oder ein Beauty-Treatment gönnen. Auch Filialen in der Innenstadt, in Wandsbek, Alstertal und Barmbek.

*Quickbornstraße 26 und Schaarsteinweg 6,*
*Tel.: 040/658 91 20 00,*
*www.meridianspa.de,*
*Öffnungszeiten: Mo, Mi, Fr 7–23 Uhr,*
*Di & Do 9–23 Uhr, Sa & So 9–22 Uhr*

#### Spreeberg

Viele Hamburger Beauty-Expertinnen schwö-ren auf Spreeberg wenn es um Gesichtsbe-handlungen, Tanning, Mani- oder Pediküre geht. Auch Massagen werden angeboten.
*Eppendorfer Baum 39,*
*Tel.: 0173/280 11 22, www.spreeberg.de,*
*Öffnungszeiten: Mo–Fr 9–19 Uhr,*
*Sa 8–16 Uhr*

### INNENSTADT

#### NIVEA Haus

Im Hamburger NIVEA Haus lassen sich nicht nur alle erdenklichen Produkte der Kult-marke kaufen, es gibt auch Anwendungen von der Gesichts- und Anti-Age-Pflege bis zur Maniküre und Massage.
*Jungfernstieg 51, Tel.: 040/82 22 47 40,*
*www.nivea.de, Öffnungszeiten:*
*Mo–Sa 10–20 Uhr*

WEITER AUF SEITE 166 ➡

BELLAPELLE

# Hanna Schumi

### Art-Direktorin & Beauty-Bloggerin

## Was sind die besten Beauty-Adressen in Hamburg?

Mein liebster Beautyshop ist mitten in der City: *Harald Lubner.*
Dort findet man außergewöhnliche Nischendüfte, die mein Herz
höherschlagen lassen. *Aesop* ist quasi gleich ums Eck. Die Treatments dort kann ich sehr empfehlen. Haare und Make-up lasse ich
mir von Wendy in der *Beautery* machen. Für ein Beauty-Update
aller großen Marken besuche ich gerne das *Alsterhaus.*

## Wo lassen Sie sich verwöhnen?

Die beste Massage gibt es im *Day Spa* bei Delia im Gastwerk.
Bei Facials vertraue ich den beiden Schwestern von *Hautkultur,* die
ein ausgezeichnetes LPG-Treatment, aber auch viele andere schöne
Anwendungen anbieten. Die beste Pediküre gibt es bei *Schönheit
am Rothenbaum* – eine echte Geheimadresse in Hamburg.

## Wo ist Ihr Lieblingsort in Hamburg?

Auf der Kennedybrücke. Egal, ob ich zu Fuß oder im Auto unterwegs bin: Das Alsterpanorama haut mich auch nach zehn Jahren
Hamburg immer noch um. Besonders schön finde ich den Anblick,
wenn im Sommer zig Segelschiffe auf dem Wasser treiben und man
Schwäne zwischen den Booten zählen kann.

## Was muss man in Hamburg unbedingt gesehen haben?

Die andere Seite. Wenn man zu Fuß durch den alten Elbtunnel
geht, findet man eine Fläche, auf der man sitzen und sich Hamburg
von der anderen Seite ansehen kann. Dort reihen sich Elbe, Hafen
und Michel aneinander – ganz wie auf einer Postkarte. Ein toller
Platz im Sommer, an dem man mit Bier und Picknickkorb einen
tollen Abend haben kann.

*www.foxycheeks.com*

*Harald Lubner* – Große Bleichen 23, Innenstadt / *Aesop* – Poststraße 22, Innenstadt / *The Beautery* – Eppendorfer Weg 285, Eppendorf / *Alsterhaus* – Jungfernstieg 16–20, Innenstadt / *Day Spa* – Gastwerk Hotel, Beim Alten Gaswerk 3, Altona / *Hautkultur* – Mittelweg 30, Harvestehude / *Schönheit am Rothenbaum* – Rothenbaumchaussee 78, Rotherbaum

## Eucerin Hautinstitut

Statt luxuriösen Hochglanztiegeln bekommt man im Hautinstitut der Marke Eucerin eine professionelle Hautdiagnose und entsprechende Gesichts- sowie Körperbehandlungen.
*Stephansplatz 3, Tel.: 040/34 96 28 20, www.hautinstitut.de, Öffnungszeiten: Mo–Sa 10–18 Uhr*

## OTTENSEN

### Bellapelle

In schönem, beruhigen Ambiente kann man sich hier rundum verwöhnen lassen – von Mani- oder Pediküre über Gesichtsbehandlungen bis zu Massagen. Gönnen Sie sich eine Jetpeel-Behandlung, um Ihr Hautbild langfristig zu verbessern. Weitere Filialen in Eimsbüttel, Winterhude und der Innenstadt.
*Ottenser Hauptstraße 19, Kaifu Lodge Bundesstraße 107, Poelchaukamp 16 und Dammtorwall 7a, Tel.: 040/39 90 39 62, www.bellapelle.de, Öffnungszeiten: Mo–Fr 8–20 Uhr, Sa 10–18 Uhr*

## ROTHERBAUM

### Hautkultur

Hier können Sie Ihrem Körper mit Wellness- und Kosmetikbehandlungen etwas Gutes tun. Probieren Sie Endermologie und Lipomassage – Sie werden anschließend mindestens fünf Jahre jünger aussehen.
*Mittelweg 30, Tel.: 040/44 50 60 44, www.hautkultur.de, Öffnungszeiten: Mo, Di, Fr 8.30–20 Uhr, Mi & Do 8.30–22 Uhr, Sa 10–20 Uhr*

## ST. GEORG

### Day Spa Hamburg

Im Day Spa des The George Hotels – oder im Hotel Gastwerk in Altona – schalten Sie perfekt vom Alltag ab. Sie haben die Wahl zwischen verschiedenen Massagen und Facials. Kuscheln Sie sich in einen Bademantel und lassen Sie sich verwöhnen.
*The George Hotel, Barcastraße 3 und Gastwerk Hotel, Beim Alten Gaswerk 3, Tel.: 040/89 06 25 72, www.dayspa-hamburg.de, Öffnungszeiten: nach Vereinbarung*

## UHLENHORST

### Organic Beauty Atelier

Lisa Scharff ist „Organic Make-up Artist und Natural Beauty Coach". In ihrem Atelier bietet sie Coachings zu den Themen „Clean your Beauty Bag" und „Beauty inside out" an. Wer sich für holistische Schönheit und Bio-Kosmetik interessiert, ist hier richtig.
*Winterhuder Weg 112, Tel.: 0177/62 35 030, www.lisascharff.com, Öffnungszeiten: Mo, Mi, Fr 16–20.30 Uhr*

# Styling

## EPPENDORF

### The Beautery

Egal, ob ein besonderes Event ansteht oder Sie neuen Input für Ihr Alltags-Make-up suchen, bei Wendy und ihrem Team sind Sie in guten Händen. In ihrer Beautery bietet sie Make-up, Mini Maniküre, Augenbrauen- und Hairstyling sowie Treatments an. Wer lernen möchte, die Looks selbst zu schminken, bucht eine Beauty Lesson.
*Eppendorfer Weg 285, Tel.: 040/48 09 26 20, www.beautery.de, Öffnungszeiten: Di–Fr 10–19 Uhr, Sa 10.30–17 Uhr*

## INNENSTADT

### Twinkle Brow Bar

Integriert ins Alsterhaus ist auch eine Brow Bar, in der Sie sich Ihre Augenbrauen in Form bringen lassen können. Behandlung nur mit Terminvereinbarung!
*Alsterhaus, Jungfernstieg 16–20,*
*www.twinklebrowbar.de,*
*Öffnungszeiten: Mo–Sa 10–20 Uhr*

## NEUSTADT

### Adam & Eve

Mani- und Pediküre, Wimpernverlängerung, Augenbrauenstyling, Waxing, Make-up, Gesichtspflege, … in Sachen Schönheit gibt es nichts, das Adam & Eve nicht kann. Filialen in der Innenstadt, Eimsbüttel, Eppendorf und Winterhude.
*Steinwegpassage 1–5, Lehmweg 53,*
*Mühlenkamp 13 und Osterstraße 157*
*Tel.: 040/21 00 88 33,*
*www.adameve-hamburg.de,*
*Öffnungszeiten: Mo–Fr 9–20 Uhr,*
*Sa 10–19 Uhr*

## *Stores*

## INNENSTADT

### Aesop

Die Produktverpackungen dieses Kosmetik-labels aus Melbourne erinnern an alte Apothekenflaschen. Das Sortiment umfasst Produkte für Gesicht, Körper und Haare. Unbedingt die Seifen und Handcremes probieren!
*Poststraße 22, Tel.: 040/34 99 36 36,*
*www.aesop.com, Öffnungszeiten:*
*Mo–Sa 10–19 Uhr*

### Alsterhaus Hamburg

In der Kosmetikabteilung des Alsterhauses sind alle großen Marken vertreten – u.a. Chanel, Charlotte Tilbury, La Mer, MAC und viele weitere. In der „Fragrance Library" finden sich Düfte von Byredo, Aqua di Parma und vielen Nischen-Brands.
*Jungfernstieg 16–20, Tel.: 040/35 90 10,*
*www.alsterhaus.de, Öffnungszeiten:*
*Mo–Sa 10–20 Uhr*

### CHANEL beauté

Fans des Pariser Modehauses und seiner Kosmetik sind hier im Beauty-Paradies: CHANEL beauté hat eine eigene Boutique in der Hamburger Innenstadt, die Kosmetik, Pflege, Düfte und exklusive Produkte anbietet.
*Mönckebergstraße 7,*
*Tel.: 040/554 45 58 00,*
*www.chanel.com/de_DE, Öffnungszeiten:*
*Mo–Fr 10–19 Uhr, Sa 10–18 Uhr*

### Harald Lubner

Boutique für exklusive Düfte und Pflegepro-dukte. Dyptique, Byredo, Etro, Escentric Molecules, Heeley, Schwarzlose und The Laundress gehören zu den vertretenen Marken. Die ideale Anlaufstelle für Duftlieb-haber, die nicht wie jeder riechen möchten.
*Große Bleichen 23, Tel.: 040/35 71 54 55,*
*www.harald-lubner.de, Öffnungszeiten:*
*Mo–Fr 10.30–18.30 Uhr,*
*Sa 10.30–17.30 Uhr*

### Sahling Düfte

Egal, ob Sie ein Geschenk oder etwas Be-sonderes für sich selbst suchen – in diesem Store werden Sie fündig. Neben exklusiven Parfums führt er auch Duftkerzen, Marvis Zahncreme und Kosmetikartikel.
*Große Bleichen 36 und Poststraße 2–4,*
*Tel.: 040/35 01 53 12,*
*www.sahling-duefte.com, Öffnungszeiten:*
*Mo–Sa 10–20 Uhr*

# Wendy Verdin-Kohlmeier

—

Inhaberin Make-up-Bar *The Beautery*

—

*Was ist Ihr Lieblingsplatz in Hamburg?*

Die Speicherstadt. Ich finde sie magisch. Ich mag es auch super gerne, am Fischmarkt durchs *Stilwerk* zu bummeln oder einen ruhigen Spaziergang an der Elbe zu machen. Das ist Gold wert. Mein Hund liebt es auch.

*Welches ist Ihr Lieblingsrestaurant in Hamburg?*

Das *Café Paris* liebe ich wegen seiner tollen Atmosphäre. Dort verbringe ich gern Stunden mit Freunden. Ich liebe es vor allem in der Winterzeit, ich finde es so gemütlich und auch perfekt für ein Date mit meinem Mann. Diesen Sommer bin ich Fan vom *Hennys* geworden. Chic und lecker, plus eine schöne Terrasse.

*Welcher ist der interessanteste Stadtteil Hamburgs?*

Altona. Dort gibt es so vieles zu sehen und immer was Neues zu entdecken, schöne Restaurants und Cafés, und alles ist so bunt gemischt. Das Restaurant *Goldene Gans* gehört zu meinen Top Ten. Und natürlich Eppendorf! Hier kenne ich alle Ecken auswendig.

*The Beautery* – Eppendorfer Weg 285, Eppendorf / *Stilwerk* – Große Elbstraße 68, Altona / *Café Paris* – Rathausstraße 4, Innenstadt / *Hennys* – Hans-Henny-Jahnn-Weg 1, Winterhude / *Goldene Gans* – Rothestraße 70, Ottensen

## STERNSCHANZE

### Mimulus

Schöner kleiner auf Naturkosmetik spezialisierter Laden – unter anderem mit Dr. Hauschka, l'Occitane und Korres – der auch Behandlungen anbietet.

*Schanzenstraße 39A, Tel.: 040/430 80 37, www.mimulus-kosmetik.de, Öffnungszeiten: Mo–Fr 10–18.30 Uhr, Sa 10–15.30 Uhr*

## *Joggen*

### Außenalster

Eine malerische und beliebte Joggingstrecke, auf der man an den Wochenenden nicht nur Hamburger Prominenz, sondern auch viele Spaziergänger, Mütter mit Kinderwagen, Hunde und Radfahrer antrifft. Der Blick über die Alster ist so schön, dass man die Anstrengung glatt vergisst. Wer einmal herumläuft, hat 7,4 km hinter sich gelegt.

### Elbufer

Startet man am Fischmarkt in Altona führt die Strecke (nach ca. 2,5 km) am Museumshafen Övelgönne und alten Kapitänshäuschen vorbei. Auf dem Wasser kann man die großen Containerschiffe bewundern, die vorbeifahren.

### Planten un Blomen

Im zentral gelegenen Park Planten un Blomen können Joggingstrecken individuell gestaltet werden. Ein guter Ausgangspunkt ist zum Beispiel der Parkeingang am Fernsehturm, von wo aus man den Hauptweg entlang laufen und nebenbei den Park besichtigen kann.

# NIVEA HAUS HAMBURG – PERFEKTER AUSGANGSPUNKT FÜR EINE ENTDECKUNGSREISE

*TRITT MAN VOM NIVEA HAUS* (Jungfernstieg 51) nach einer pflegenden Gesichtsbehandlungen oder einer erholsamen Massage ins Freie, dann befindet man sich am perfekten Ausgangspunkt für eine spannende Entdeckungsreise durch die Perle, wie die Stadt von ihren Bewohnern liebevoll genannt wird:

❶ *Ort der Entspannung* – NIVEA Haus Hamburg / ❷ *Blick auf die große Fontäne* – Markenzeichen der Binnenalster / ❸ *Highlight für alle NIVEA Fans* – Troplowitz-Villa, Zuhause des Erfinders der NIVEA Creme & des Labello Stifts / ❹ und ❺ *Gemütlicher Bummel auf bunten Wochenmärkten rund um die Außenalster* – Isemarkt (Eppendorf) & Goldbekmarkt (Winterhude) / ❻ *Was nicht fehlen darf* – Besuch des Hamburger Hafens / ❼ *Für Architekturliebhaber* – die HafenCity mit der historischen Speicherstadt / ❽ *Neues Wahrzeichen Hamburgs* – die Elbphilharmonie / ❾ *Zum Abschluss* – Besuch der Landungsbrücken inklusive Hafenrundfahrt und Fischbrötchen.

Gönnen Sie sich eine Auszeit! Wohlfühl-Termine können online unter *www.NIVEA.de/haus_termine* vereinbart werden.

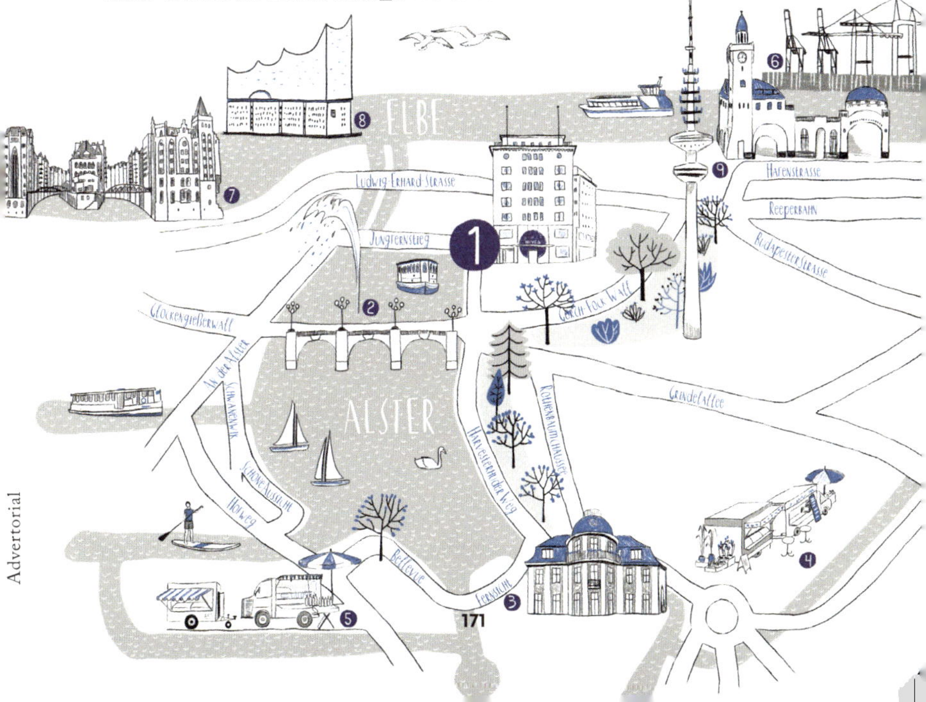

171

# Ausflüge & Erholung

---

IM JAPANISCHEN GARTEN TEE TRINKEN,
SICH AN DEN STEGEN WIE IN SCHWEDEN
FÜHLEN UND DIE BEINE INS WASSER
BAUMELN LASSEN ODER DAS UMLAND
MIT DEM RAD ERKUNDEN.

---

*SELTEN STELLT SICH* in Hamburg, der zweitgrößten Stadt Deutschlands, ein City-Overkill ein – dafür sorgen schon allein die vielen grünen Oasen und die Nähe zum Wasser. Nicht ohne Grund wird Hamburg oft als grüne Millionenstadt bezeichnet.

Mit dem Gerücht, dass Hamburg das ganze Jahr im Nieselregen ertrinkt, räumen wir vorab auf – denn Hamburg und München haben laut dem deutschen Wetterdienst gleich viele Regentage im Jahr, nämlich 133. Ha! Und irgendwie haben sie ja auch ihren eigenen Charme, diese ganz grauen Tage mit der steifen Brise, den peitschenden Wellen und dem Möwengeflatter – sonst hätte Hamburg schon längst eine ganze Handvoll Einwohner weniger.

Getreu dem alten Sprichwort „Es gibt kein schlechtes Wetter, es gibt nur falsche Kleidung!" zieht es die Hamburger nicht nur bei 25 Grad und Sonne nach draußen, sondern eben auch wenn die Wolken sich mal wieder ineinander verhaken. Neben den geliebten Elbe-, Hafen- und Alsterspots, denen wir uns in „Hamburg am Wasser" widmen, sorgen vor allem die vielen Parkanlagen für Entschleunigung.

Das Tolle: Für jeden ist ein Parktyp dabei. Die Botaniker werden in *Klein Flottbek* happy, die Ausblick-Liebhaber wandern auf dem Altonaer Balkon entlang, die Sportler joggen im Alsterpark, die Ponyfans besuchen das *Niendorfer Gehege,* die Elbe-Liebhaber flanieren im *Jenischpark,* die Waldfreunde machen einen Ausflug in den *Altonaer Volkspark,* Open-Air-Kino-Fans gehen in den *Schanzenpark,* und die jungen Hauptstädter lassen sich mit einem Astra oder einer Bio-Limo im *Gezi Park Fiction* nieder, der mit seinen stählernen Palmen, dem Blick auf die Elbe und der welligen Begrünung die wohl außergewöhnlichste Grünanlage Hamburgs ist. Zu den ganz großen Park-Playern gehört *Planten un Blomen* – ein blumiges Paradies mitten in der City. Hier kann man im japanischen Garten Tee trinken, sich an den Stegen wie in Schweden fühlen und die Beine ins Wasser baumeln lassen, im Kakteengarten Instagrambilder knipsen, eine Runde auf der Rollschuh- oder Eisbahn drehen oder sich einfach auf die Picknickdecke mit Blick auf den Fernsehturm fallen lassen. Der Place-to-be für Romantiker sind von Mai bis September die allabendlichen Wasserlichtspiele am Parksee.

Wer seinen Parkbesuch mit einer Bootstour oder einer Runde im Naturbad verbinden möchte, ist im *Stadtpark* am besten aufgehoben.

ELBKANTINCHEN

Hier kann man auch großen Open-Air-Konzerten lauschen, das Planetarium besuchen oder auf der riesengroßen Liegewiese grillen.

Wanderer und Märchenwald-Fans steigen am besten in die S-Bahn. Hier führen zwei Wege zum Ziel – entweder düst man Richtung Westen mit der S1 nach Rissen (ca. 60 Minuten) zum *Klövensteen*, oder man fährt mit der S21 in östliche Richtung bis nach Aumühle (ca. 40 Minuten) und spaziert durch den *Sachsenwald*.

Eines der beliebtesten Ausflugsziele im Mai ist das *Alte Land,* das auf der anderen Elbseite liegt – hier stehen dann Hunderttausende Apfel- und Kirschbäume in voller Blüte. Das weiße Blütenmeer im Mix mit den Obstplantagen und Reetdachhäusern zieht mittlerweile nicht mehr nur Rentner und Sonntagsfahrer an, sondern lockt immer stärker das jüngere Publikum an, das Obst lokal kauft und am Wochenende die Ruhe sucht. Besonders schön ist es im *Obstparadies Schuback* in Jork. Hier kann man sich den vorbestellten Picknickkorb abholen und mit den Köstlichkeiten ein Plätzchen im idyllischen Obsthof suchen. Wer dann noch Zeit hat, fährt mit dem Auto knapp 20 Minuten in Richtung Cuxhaven und macht in der hübschen Fachwerkaltstadt von *Stade* halt. Ganz entspannt kann man in der über 1000 Jahre alten Hansestadt durch die historischen Gassen schlendern und am malerischen Fischmarkt Kaffee trinken und Pfannkuchen essen.

Möchte man das Umland auf zwei Rädern entdecken, empfiehlt sich der Elberadweg, der insgesamt 1260 Kilometer misst. Eine schöne Route (46 km) führt zum Beispiel von Hamburg über Ochsenwerder bis in die alte Schifferstadt Lauenburg, immer an der Elbe entlang. Unterwegs sollte man unbedingt einen Stopp beim modernen Freiluftlokal *Elbkantinchen* bei Geesthacht machen und sich mit einem selbst gemachten Kuchen belohnen.

Wer der Natur lieber den Rücken kehrt, kommt auch im Stadtkern auf seine Kosten. Die Top 3 auf der City-Ausflugsliste: Riesenrad auf dem *Dom* fahren, Elefanten im *Hagenbeck Tierpark* füttern und beim Pferderennen auf der *Trabrennbahn* mitfiebern.

Was die Küstennähe angeht, ist Hamburg den anderen deutschen Großstädten einige Schiffslängen voraus. *St. Peter-Ording* an der Nordsee, etwa eineinhalb Autostunden entfernt, ist längst zum Kitesurfer-Hotspot für die Hanseaten geworden, und auch Designhotels wie die Zweite Heimat und das Beach Motel machen es zum beliebten „Spa meets Spaziergänge"-Ausflug. Wer es noch eine Spur luxuriöser mag, quartiert sich an der Ostseeküste im Luxuspalast *Grand Hotel Heiligendamm* ein. Und wer es entspannt liebt, macht es sich mit einem Buch in einem der vielen Strandkörbe am feinsandigen *Timmendorfer Strand* gemütlich.

Ob Stadtkern oder Umgebung – langweilig wird es in Hamburg nie, Seemanns-Ehrenwort! — KATHARINA CHARPIAN

# PARKS & GRÜNANLAGEN

## ALTONA

### Wohlers Park

Eine kleine Oase in der Großstadt ist der Wohlers Park, der zwischen St. Pauli und Altona liegt. Der ehemalige Begräbnisplatz bietet viele versteckte Grünflächen zum Erholen, eine alte Allee zum Spazieren und ein Rondell und kleinere Wege zum Entdecken.

*Wohlers Park, Norderreihe*

## BAHRENFELD

### Altonaer Volkspark

Der Altonaer Volkspark in Bahrenfeld ist Hamburgs größter öffentlicher Park. Hier trifft ein großflächiger Wald mit steilen Hügeln, Schluchten und Aussichtspunkten auf eine große Liegewiese und wunderschöne Dahlien- und Rosengärten. Kuchen, Kaffee oder Currywurst bekommt man in Klempau's Biergarten (August-Kirch-Straße 55), oder man kehrt stilecht im niedersächsischen Bauernhaus (Nansenstraße 82) ein. Nebenan befindet sich ein Minigolfplatz (www.minigolf-brandt.de).

*Volkspark, www.hamburger-volkspark.de, Anfahrt: vom S-Bahnhof Stellingen mit der Buslinie 22 Richtung Blankenese zum Hellgrundweg. Vom S-Bahnhof Eidelstedt kann man den Weg zum Hamburger Volkspark in ca. acht Minuten zurücklegen.*

## INNENSTADT

### Planten un Blomen

**Top!**

Planten un Blomen, plattdeutsch für „Pflanzen und Blumen", macht seinem Namen mit den prachtvollen Beeten alle Ehre. Die 47 Hektar große Parkanlage liegt im Zentrum, zwischen dem Congress Center Hamburg (CCH) und dem Millerntor. Der Park beherbergt verschiedene Themengärten,

vom japanischen Landschaftsgarten bis zum alten botanischen Garten. Viele Liegewiesen und kleine Stege mit Sitzmöbeln laden zum Relaxen ein – fast immer mit Blick auf den Hamburger Fernsehturm. Actionfreunde können im Winter ihre Runden auf der Open-Air-Eisbahn, der INDOO Eisarena, drehen. Im Sommer ist die Fläche für Rollschuhfahrer und Skater geöffnet. Romantiker daten sich bei den Wasserlichtkonzerten am Parksee, die allabendlich von Mai bis September stattfinden.

*Planten un Blomen, Jungiusstraße 1, www.plantenunblomen.hamburg.de*

## NIENDORF

### Niendorfer Gehege

Hier kommen Hobbyförster und Ponyfans voll auf ihre Kosten. Das Niendorfer Gehege ist ein Freizeit- und Erholungsgebiet mit rund 15 Kilometern Wanderwegen, die zum Spazieren, Joggen und Radfahren einladen. Kinder können mit einem Pony die Umgebung erkunden (Ponyhof Waldschänke, Babenwischenweg 28), die Vierbeiner werden auf der Hundefreilaufwiese happy, und alle anderen können zum Beispiel die Rehe und Hirsche im Damwildgehege beobachten. Das urige und begrünte Waldcafé Corell (Niendorfer Gehege 50) bietet sich für eine kleine Stärkung an.

*Niendorfer Gehege, Anfahrt: U2 bis Niendorf Markt oder Buslinie 181 bis Niendorfer Gehege*

## OHLSDORF

### Ohlsdorfer Friedhof

Der Ohlsdorfer Friedhof im Norden Hamburgs ist mit einer Fläche von fast 400 Hektar der größte Parkfriedhof der Welt und ein romantischer Landschaftsgarten noch dazu. Geschwungene Wege, Hügel, Teiche, 45 Laub- und Nadelholz-

arten, viele Rhododendren und historisch und künstlerisch wertvolle Grabmale laden zu langen Spaziergängen und Erkundungstouren ein.

*Ohlsdorfer Friedhof, Fuhlsbüttler Straße 756, Anfahrt: S 11, S1 oder U1 bis Ohlsdorf, der Haupteingang Fuhlsbüttler Straße liegt drei Gehminuten vom Bahnhof Ohlsdorf entfernt.*

## OTHMARSCHEN

### Jenischpark
Der wohl herrschaftlichste Park Hamburgs ist der Jenischpark mit Elbblick. Der Landschaftspark steht unter Denkmalschutz und beherbergt neben altem Baumbestand und unter Naturschutz stehenden Wiesen auch das Kunstforum Ernst-Barlach-Haus mit wechselnden Ausstellungen und das klassizistische Jenisch-Haus, in dem schon Kaiser Wilhelm II. empfangen wurde und Ausstellungen stattfinden. Kaffee und Kuchen kann man im hauseigenen Museumscafé zu sich nehmen oder ein paar Schritte weiter etwas unkonventioneller auf der Terrasse von Ralphs Kiosk (Baron-Voght-Straße 50a) Platz nehmen.

*Jenischpark, www.jenischparkverein.de, Anfahrt: ab Landungsbrücken mit der Fähre (Linie 63) nach Finkenwerder, von dort die Anschluss–Linie 64 nach Teufelsbrück oder S1 oder S11 bis Klein Flottbek (Botanischer Garten), weiter mit Buslinie 15 oder 10 Minuten gehen*

## STERNSCHANZE

### Schanzenpark
Besonders im Sommer ist der Schanzenpark sehr beliebt und belebt. Hier wird gegrillt, Open-Air-Kino geguckt, Boule gespielt und auf dem Abenteuerspielplatz getobt. In den kälteren Monaten bietet sich die Grünanlage perfekt für einen kleinen Spaziergang nach einem Schanzenbesuch an – eine große Hundefreilaufzone gibt es auch. In der Mitte des Parks befindet sich der sechzig Meter hohe Schanzenturm – der ehemalige Wasserturm beherbergt jetzt das Mövenpick Hotel.

*Schanzenpark, Anfahrt: U3, S21 oder S31 bis Haltestelle Sternschanze*

## ST. PAULI

### Gezi Park Fiction

**Top!**

Es gibt kaum einen besseren Ort als den Gezi Park Fiction, um seine Lieblings-Limo an einem lauen Sommerabend im Freien zu genießen. Hier treffen stählerne Palmen auf eine wellige Wiese, den „fliegenden

Teppich", und einen atemberaubenden Blick auf Hamburgs Hafenkräne am Horizont. Nach Sonnenuntergang kann im angrenzenden Golden Pudel Club getanzt werden. Zur Entstehung: Dort, wo sich heute der Park befindet, sollten eigentlich Büro- und Wohngebäude gebaut werden. Anwohner setzten sich für die Grünfläche ein, reichten Mitte der Neunzigerjahre Ideen ein und setzten das heutige Konzept gemeinsam mit Künstlern um.
*Gezi Park Fiction, St. Pauli Fischmarkt 27, Anfahrt: U3 bis Landungsbrücken, S1, S2, S3 bis Landungsbrücken oder Reeperbahn oder Buslinie 112 bis Haltestelle Hafentreppe*

## WINTERHUDE

### Stadtpark
Kein anderer Park in Hamburg bietet so viel Abwechslung und Freizeitangebote wie der Stadtpark. Bei der Freilichtbühne kann Konzerten gelauscht werden, der Stadtparksee lädt zum Stand-up Paddling und Bootfahren ein, im Naturbad und großen Planschbecken für die Kids kann man sich abkühlen, auf der riesengroßen Liegewiese pick-

nicken oder grillen, Minigolf spielen, das Planetarium besuchen, durch die Rosengärten spazieren oder im Café Sommerterrassen (Südring 44) haltmachen, das direkt am Ufer des Goldbekkanals liegt.
*Stadtpark, Anfahrt: U3 bis Borgweg oder Saarlandstraße*

## Für Botaniker

Der Botanische Garten der Universität Hamburg, heute Loki-Schmidt-Garten genannt, ist an zwei Standorten zu Hause: in den Tropenhäusern in Planten un Blomen und im Freigelände in Klein Flottbek.

### Tropengewächshäuser in Planten un Blomen
Ein Paradies für Botaniker und alle, die es werden wollen – die gläsernen Tropengewächshäuser in Planten und Blomen wurden in den Sechzigerjahren erbaut und sind in ein Tropenhaus, Subtropenhaus, Palmfarnhaus, Farnhaus und den wunderschönen Kakteen- und Sukkulentengarten aufgeteilt. Der Eintritt ist kostenlos!
*Planten un Blomen Schaugewächshäuser, Marseiller Straße 7*

### Botanischer Garten Klein Flottbek
Einen Frühlings- oder Sommertag kann man kaum schöner als im riesigen Freigelände in Klein Flottbek verbringen. Von Tulpenbäumen bis zu Kakaofrüchten, vom Rosen- bis zum Wüstengarten – hier blühen Pflanzen aus aller Welt um die Wette. Im Sommerhalbjahr bietet sich das Café Palme für eine Erfrischung an.
*Botanischer Garten Klein Flottbek, Ohnhorststraße, Anfahrt: S1 bis Klein Flottbek*

## *Schlemmen im Grünen*

### Altes Land

Obstbäume, so weit das Auge reicht – das Alte Land, südlich der Elbe gelegen, ist das größte geschlossene Obstanbaugebiet Deutschlands. Im Mai stehen hier Hunderttausende Apfel- und Kirschbäume in voller Blüte. Unser Tipp: Im Obstparadies Schuback haltmachen, vorbestellten Picknickkorb (gibt es auch vegan oder vegetarisch) abholen und mit den Köstlichkeiten im Bollerwagen ein Plätzchen im idyllischen Obsthof suchen. Vorab reservieren!
*Westerjork 81, 21635 Jork, Tel.: 04162/370, www.obstparadies-jork.de*

### Elbkantinchen

Zwischen Geesthacht und Lauenburg liegt das Café Elbkantinchen, etwa 35 Autominuten von Hamburg entfernt. Die Journalistin und Ernährungswissenschaftlerin Wiebke Schürmann und ihr Freund Roger Willke verwandelten einen alten Kiosk in ein hübsches Freiluftlokal mit Elbblick. Auf der Speisekarte stehen selbst gemachte Kuchen und hausgemachte Gerichte – Zutaten und Getränke stammen fast alle aus der Umgebung.
*Strandweg 1, 21502 Geesthacht, Tel.: 0171/971 86 86, www.elbkantinchen.de*

WEITER AUF SEITE 184 ➜

## *DER HAMBURGER DOM*

Von der wilden Maus über das Kettenkarussell bis hin zum größten Riesenrad der Welt – der Hamburger Dom ist ein Spaß-Paradies mitten in der Stadt. Das größte Volksfest Norddeutschlands findet auf dem etwa 160.000 Quadratmeter großen Heiligengeistfeld in St. Pauli statt, und das gleich dreimal im Jahr: der Frühlingsdom, von Mitte März bis Mitte April,

der Sommerdom, auch Hummelfest genannt, von Ende Juli bis Ende August und der Winterdom von Anfang November bis Anfang Dezember. Zu den wechselnden Fahrgeschäften gesellen sich zahlreiche Losbuden und Spielgeschäfte. Und auch kulinarisch ist Kindergeburtstags-Feeling angesagt: Crêpes, Maiskolben, Lebkuchenherzen mit „Meine Perle"-Schriftzug, Schmalzkuchen und Salmi-Lollis werden in den bunt bemalten Buden verkauft. Tipp: Wer es besonders kitschig mag, schaut sich freitags um 22.30 Uhr das Feuerwerk an – zehn Minuten kunterbuntes Silvester-Feeling sind garantiert. Seinen Ursprung hat der Dom im 11. Jahrhundert; auf dem Heiligengeistfeld findet er seit über 120 Jahren statt. Mittlerweile pilgern deutlich über 10 Millionen Menschen im Jahr über den Markt, der seinen Charme dennoch nicht verloren hat und auch für viele erwachsene Hamburger zu den liebsten Spiel- und Spaßplätzen der City zählt.
*www.hamburg-dom-aktuell.de*

# Loni Baur

—

Make-up Artist

—

*Was sind die besten Beauty-Adressen in Hamburg?*

Für schöne Füße gehe ich zu Anke Spreeberg von *Spreeberg* in Eppendorf. Anke ist fachlich die Beste in Hamburg, und in ihrem Nagelstudio herrscht eine herzliche Atmosphäre. Wenn ich mich mal richtig belohnen möchte, buche ich mir eine „Face de luxe"-Behandlung im *Day Spa*. Es ist das reinste Verwöhnprogramm. Meine Haare lasse ich ausschließlich von Janina Rodriguez von *Triohair* schneiden. Der Salon in der Ferdinandstraße 47 ist nicht besonders auffällig, aber seine Chefin schneidet Haare wie eine Göttin und macht zudem auch die beste Farbe.

*Was macht den Hamburger Stil aus?*

Der Hamburger Stil ist zurückhaltend elegant. Ich finde die Hamburger Frau manchmal vielleicht ein bisschen „zugeknöpft", aber diese subtile Art des Sexappeals kann auch etwas sehr Bewundernswertes haben. Manchmal würde ich mir dennoch etwas mehr Individualität wünschen. In Eppendorf sehen wirklich viele Frauen gleich angezogen aus.

*Wo in Hamburg schalten Sie gerne ab?*

Ich gehe sehr gerne an der Alster joggen. Allerdings muss man früh unterwegs sein, damit es nicht zu voll ist. Ich kann aber auch stundenlang auf dem Isemarkt herumschlendern und meine Wochenendeinkäufe machen. Es gibt so viele tolle Stände. Bei Regenwetter treffe ich mich gerne mal im *Café Paris*. Dort kann man schön frühstücken. Wenn ich es etwas gemütlicher möchte, schlemme ich den leckeren Blechkuchen im *Petit Café* in der Hegestraße.

*Wenn Sie mal raus aus Hamburg müssen, wohin machen Sie einen Ausflug im Umland?*

Ich liebe den Schmetterlingspark in Aumühle, den *Garten der Schmetterlinge* am Rande des Sachsenwaldes. Es gibt dort zauber-

hafte Rosenarten, und der asiatische Klanggarten hat eine fast spirituelle Wirkung auf mich. Alle Sinne werden angeregt. Ein Ausflug lohnt sich besonders im Sommer. Zum Baden gehe ich an heißen Tagen gerne zum *Tonteich* in Wohltorf. Die fast nostalgische Badeanlage ist ein wirklicher Geheimtipp direkt am Sachsenwald gelegen.

*Spreeberg* – Eppendorfer Baum 39, Eppendorf / *Day Spa* – The George Hotel, Barcastraße 3, St. Georg / *Triohair* – Ferdinandstraße 47, St. Georg / *Café Paris* – Rathausstraße 4, Innenstadt / *Petit Café* – Hegestraße 29, Eppendorf / *Garten der Schmetterlinge* – Am Schlossteich 8, Friedrichsruh / *Sachsenwald Tonteichbad* – Am Tonteich 35, Wohltorf

## Ausflüge in der Stadt

### Hagenbeck Tierpark

Von Kängurus über Pinguine bis hin zu einer der größten Elefantenherden Europas – knapp 2000 Tiere leben im Hagenbeck Tierpark in Stellingen, der in sechster Generation familiengeführt wird. Unbedingt auch einen Blick in das Tropen-Aquarium werfen!

*Lokstedter Grenzstraße 2, Anfahrt: U2 bis Hagenbeck Tierpark*

HAGENBECK TIERPARK

### Trabrennbahn Bahrenfeld

Wenn der Startschuss für die Pferde und Sulkyfahrer auf der Trabrennbahn in Bahrenfeld gefallen ist, gibt es im Publikum kein Halten mehr. Ob nur die Stimmung miterleben, den Lieblingshut ausführen, die Zuschauer beobachten oder eine Wette abgeben – vorbeischauen lohnt sich!

*www.trabhamburg.de,*
*Luruper Chaussee 30,*
*Anfahrt: S11 oder S31 bis Holstenstraße,*
*dann Buslinie 3 bis Bahrenfeld,*
*Trabrennbahn*

## Tagesausflüge

### Boberger Dünen

Strandfeeling mitten in der Heide gibt es bei Hamburgs letzter Wanderdüne. Das unter Naturschutz stehende Areal kann man perfekt bei einer kleinen Wanderung, am besten barfuß, erkunden.

*Boberger Furt 50, Anfahrt: S21 bis*
*Mittlerer Landweg und dann mit der*
*Buslinie 221 bis Boberger Furtweg*

### Heide Park Soltau

Inmitten einer 850.000 Quadratmeter großen Parklandschaft in der Lüneburger Heide liegt Norddeutschlands größter Freizeitpark, der Heide Park Soltau. Über 40 Fahrgeschäfte, von der Wildwasserbahn bis zur Holzachterbahn, vom Kinderkarussell bis zum Freifallturm, sorgen für Nervenkitzel und Glücksmomente.

*Heide Park 1, 29614 Soltau,*
*Tel.: 01806/91 91 01, www.heide-park.de,*
*Öffnungszeiten: März–Oktober, Anfahrt:*
*mit dem Metronom bis Wolterdingen*
*(Han)*

### Klövensteen

Natur pur findet man ganz im Westen von Hamburg, im Naherholungsgebiet Klövensteen. 580 Hektar misst der Forst heute und erstreckt sich über die Stadtteile Sülldorf und Rissen bis nach Schleswig-Holstein. Wanderer, Radfahrer, Jogger und Spaziergänger kommen hier voll auf ihre Kosten.

*Anfahrt: S1 bis Rissen*

### Sachsenwald

Auf der Suche nach einem Märchenwald? Dann ab in den Sachsenwald, dem größten Waldgebiet Schleswig-Holsteins, östlich von Hamburg. Sechs ausgeschilderte Wanderwege führen durch den abwechslungsreichen Forst. Ein besonderes Highlight: der Schmetterlingsgarten (Am Schlossteich 8), ein Gewächshaus mit frei fliegenden Faltern aus Südamerika, Afrika und Asien.

*www.sachsenwald.de, Anfahrt: Ausgangs-*
*punkt für die Wanderungen ist der Bahn-*
*hof in Aumühle (S21 ab Hbf.).*

HEIDE PARK SOLTAU

### Stade

Einen Ausflug ins Alte Land kann man perfekt mit einem Besuch in der charmanten Altstadt der Hansestadt Stade in Niedersachsen, die über 1000 Jahre alt ist (etwa 45 Kilometer von Hamburg entfernt), verbinden. Einfach durch die historischen Gassen schlendern und Stopps beim Fischmarkt, Pferdemarkt und am Hafen einlegen. Hübscher Café-Spot: das Goebencafé (Wasser West 21).
*www.stade-tourismus.de, Anfahrt: ab Hbf. mit der S3 Richtung Stade oder mit dem Metronom Richtung Cuxhaven*

### Wildpark Schwarze Berge

Elche, Otter, Bären – der Wildpark Schwarze Berge im Süden Hamburgs ist genau das Richtige für alle Tierfreunde. Besonders nah kommt man den Tieren im Freigehege, im Streichelzoo und bei den Futtertouren beim Wolfsrudel.
*Am Wildpark 1, 21224 Rosengarten, Tel.: 040/819 77 47-0, www.wildpark-schwarze-berge.de, Öffnungszeiten: April–Oktober 8–18 Uhr, November–März 9–17 Uhr, Anfahrt: mit der S3 bis Harburg, danach mit dem HVV-Bus 340 bis vor die Tür*

## Erholung an der Küste

### Bretterbude in Heiligenhafen

Die Bretterbude in Heiligenhafen wird auch gerne als Skater- oder Surferhotel betitelt, das liegt zum einen an der direkten Strandnähe (perfekt für Kitesurfer!), aber auch am Mini-Skatepark in der Lobby und den mietbaren Bulli-Parkplätzen mit Strom- und Wasseranschluss. Hier heißen die Zimmer „Butzen", der Massage-Bereich „Knetkammer" und die Bar „Spelunke". Aber keine Angst, in dem Ostseehotel treffen sich nicht nur Kiddies zum Abhängen – der Altersdurchschnitt reicht von 5 bis 65.
*Bretterbude, Seebrückenpromenade 4, 23774 Heiligenhafen, Tel.: 04362/500 40, www.bretterbude.de*

GRAND HOTEL HEILIGENDAMM

BEACH MOTEL

## Glücksburg

Wer einen Ort an der Ostsee sucht, der noch nicht so überlaufen ist, sollte unbedingt einen Ausflug nach Glücksburg machen. Rund zwei Autostunden liegt das Örtchen, umgeben von der Flensburger Förde, dem Schwennautal und dem Schlossteich, von Hamburg entfernt. Design-Fans finden hier gleich zwei schöne Unterkünfte vor: Das kleine Hotel Smucke Steed, das skandinavische Interior-Herzen höherschlagen lässt, und die neuen „Glück in Sicht Ostseelodges". 26 schwarze Holzhäuser stehen hier auf Pfählen in einer Parkanlage direkt am Meer, nur wenige Schritte vom unberührten Strand entfernt.
*Hotels: www.smucke-steed.de und www.glueck-in-sicht.de*

## Grand Hotel Heiligendamm

Luxus pur kann im Fünf-Sterne-Grandhotel Heiligendamm an der Ostseeküste genossen werden. Etwa zwei Autostunden liegt Heiligendamm, der älteste Seebadeort Deutschlands, von Hamburg entfernt. Der große Spa-Bereich des schneeweißen Hotels mit Hamam, Saunen und Pool kann auch unabhängig von einer Übernachtung als Day Spa besucht werden (ca. 39 Euro pro Tag). Happy relaxing!

*Prof.-Dr.-Vogel-Straße 6, 18209 Bad Doberan-Heiligendamm, Tel.: 038203/740-0, www.grandhotel-heiligendamm.de*

## St. Peter-Ording

Ein zwölf Kilometer langer und bis zu zwei Kilometer breiter Strand, Häuser auf Pfählen, Dünenlandschaft und fast immer eine steife Brise, die Kite- und Windsurfer für sich nutzen. St. Peter-Ording, kurz SPO, zählt zu den beliebtesten Erholungs-Hotspots an der Nordseeküste und ist nur eineinhalb Stunden Autofahrt von Hamburg entfernt. Auch Designhotels sind hier zu Hause: das Premium-Strandhotel Zweite Heimat, nordisch und teilweise mit Saunen auf den Zimmern, und das jüngere Beach Motel im lässigen Surfer-Stil.
Tipp: Unbedingt nach einem Spaziergang Waffeln in der Strandbar 54 Nord (Strandweg 999) mit Wellenblick genießen.
*Hotels: www.hotel-zweiteheimat.de und www.beachmotel-spo.de*

## Timmendorfer Strand

Südsee-Feeling in Norddeutschland? Das löst der Timmendorfer Strand an der Ostseeküste auf jeden Fall aus – türkisblaues Meer trifft hier auf einen sieben Kilometer langen feinsandigen Strand und Tausende Strandkörbe. Unser Hoteltipp: das neue Lifestyle-Hotel SeeHuus mit Spa und Meerblick.
*SeeHuus Hotel: Strandstraße 69, 23669 Timmendorfer Strand*

## *Fahrradverleih*

Das Tolle: In Hamburg kann man viele Hotspots und Viertel ganz entspannt mit dem Fahrrad erkunden, ohne dabei etliche Kilometer zurücklegen zu müssen. Möchte man das Umland auf zwei Rädern entdecken, empfiehlt sich der Elberadweg, der insgesamt 1260 Kilometer misst.

### StadtRad

Flexibel in der City Rad fahren, das geht am besten mit dem StadtRad, das man an vielen Leihstationen im gesamten Stadtgebiet leihen und wieder abgeben kann. Die ersten 30 Minuten sind immer kostenlos.
*www.stadtrad.hamburg.de*

### Zweiradperle

Vom mintfarbenen Hollandrad bis zum schnittigen Rennrad – die Zweiradperle liegt in der Innenstadt und verleiht Fahrräder stunden-, tage- und wochenweise. Zusätzlich werden auch Radtouren angeboten, von der „Wilhelmsburg Tour" bis zur „Highlights von Hamburg"-Tour.
*Altstädter Straße 3–7,*
*Tel.: 040/30 37 34 74,*
*www.zweiradperle.hamburg,*
*Öffnungszeiten:*
*Sommersaison:*
*Mo–So & feiertags 10–18 Uhr,*
*Wintersaison:*
*Di–Fr 11–18 Uhr, Sa 11–15 Uhr*

WEITER AUF SEITE 192 →

# Melanie-Jasmin Jeske

Public Relations Consultant

## Mein Herz schlägt für Hamburg, weil …

… diese Stadt wie ein Hafendampfer ist: Sie schaukelt gemütlich vor sich hin, verbreitet ein bisschen das Gefühl von Freiheit und Abenteuer, ohne aufdringlich zu sein und hat immer eine frische Brise um die Nasenspitze.

## Ihre drei Lieblingsspots am Wasser?

Ich mag den *Gezi Park Fiction* sehr – von den in grünen Hügeln und Wellen angelegten Wiesen des Parks hat man einen herrlichen Blick auf die Docks gegenüber. Favorit Nr. 2 ist das *Café Entenwerder1*, ein schwimmender Ponton in der Norderelbe. Besonders schön ist die Anfahrt mit dem Fahrrad über den Elberadweg. Einen einmaligen Blick auf den Sonnenuntergang hat man beim *Dockland*, das eigentlich ein modernes Bürogebäude ist und direkt an der Elbe hinter dem Fischereihafen in Altona liegt.

## Ihr Lieblings-Ausflugsziel im Umland von Hamburg?

Mit meinem Sohn fahre ich am liebsten in den *Wildpark Schwarze Berge*, der in eine fantastische Parklandschaft mit Seen und dichten Wäldern eingebettet ist. Er ist nicht nur für Kinder ein traumhaftes Ausflugsziel.

## Wie sieht ein perfekter Sonntag für Sie aus?

Der beginnt für mich mit einer Joggingrunde im Planten un Blomen. Ich gehe mit Freunden bei *Hej Papa* frühstücken, schaue mir eine Ausstellung an, zum Beispiel in der *Affenfaust Galerie*, drehe im Winter eine Runde in der *INDOO Eisarena* bei Planten un Blomen oder lege mich im Sommer in den malerischen Park. Am Abend beobachte ich mit Freunden die schönen Sommer-Sonnenuntergänge der Hansestadt auf meinem Rooftop.

*Was muss man als Hamburg-Besucherin unbedingt gemacht haben?*
Ich empfehle einen Ausflug mit der HVV-Fähre flussabwärts nach Finkenwerder und von dort mit der Fähre rüber bis zum Elbanleger Teufelsbrück. Von dort führt ein wunderbarer Weg direkt an der Elbe entlang bis zurück zu den Landungsbrücken.

*Gezi Park Fiction* – St. Pauli Fischmarkt 27, St. Pauli / *Café Entenwerder1* – Rothenburgsort / *Dockland* – Van-der-Smissen-Straße 9, Altona / *Wildpark Schwarze Berge* – Am Wildpark 1, 21224 Rosengarten / *Hej Papa* – Poolstraße 32, Neustadt / *Affenfaust Galerie* – Paul-Roosen-Straße 43, St. Pauli / *INDOO Eisarena* – Holstenwall 30, Neustadt

# HAMBURG AM WASSER

Hamburg ohne Wasser ergibt keinen Sinn. Denkt man an Hamburg, spürt man sofort eine steife Brise im Gesicht, sieht vorm inneren Auge die Möwen über der grauen Elbe kreisen oder Boote mit weißen Segeln über die von Weiden gesäumte Alster schippern, im Schlepptau die eleganten Alsterschwäne. Wer also eine Wasserphobie hat, sollte die Hansestadt gar nicht erst besuchen – am kühlen Nass kommt man hier nicht vorbei, und damit ist nicht der häufige Regen gemeint.

Hamburg am Wasser kann ganz unterschiedlich sein: Vom rauen Freihafen-Flair über beschauliche Alsterkanäle und Future-Chic in der Hafencity bis zur großen Weite der Elbe ab den Landungsbrücken ist für jeden Geschmack etwas dabei.

ENTENWERDER1

WILHELMSBURGER INSELPARK

Ob Alster oder Elbe, daran scheiden sich übrigens mitunter die Geister, selbstverständlich hat beides seinen Charme. Ein kühles Bier schmeckt in der *Strandperle* genauso gut wie auf *Bodo's Bootssteg,* flanieren kann man entweder im *Museumshafen Övelgönne* oder an der *Binnenalster,* und eine Fahrt mit den *Hafenfähren* macht mindestens genauso viel Spaß wie eine Runde Stand-up Paddling in den Alsterkanälen. Chic, entspannt, vornehm oder derb – man findet alles an beiden Orten.

Ganz neue Perspektiven bietet das Gebiet südlich der Elbe rund um Rothenburgsort, Billwerder, der Veddel und Wilhelmsburg. Quartiere, in denen herbe Industrie-Atmosphäre auf viel Grün, charmante Deiche und versteckte Kanäle trifft. Hierhin gelangt man über die Elbbrücken oder durch den Alten Elbtunnel – im Sommer am liebsten mit dem Rad. Dann gönnt man sich in dem neuen rosafarbenen Container-Café *Entenwerder1* auf dem Ponton am *Elbpark Entenwerder* eine hausgemachte Limonade, bevor man zum Baden an die *Dove Elbe* fährt – der wohl entspannteste Sommer-Hotspot Hamburgs – oder den lauschigen *Wilhelmsburger Inselpark* mit dem Kanu erkundet.

Aber auch im Winter hat Hamburgs Wasserseite seinen Charme, jetzt ist die Zeit für dick eingemummelte Spaziergänge am *Falkensteiner Ufer* oder um die Alster – ist diese zugefroren, kann man gleich ein Paar Schlittschuhe mitnehmen. Sturmfluten sind in Hamburg keine Seltenheit, den peitschenden Regen muss man mögen. Und das ständige leichte Nieseln? Das ist gut für den Teint! — LISA VAN HOUTEM

MUSEUMSHAFEN ÖVELGÖNNE

# Die schönsten Plätze an der Elbe

### Wilhelmsburger Inselpark

Ein grünes Zentrum für die Insel: Seit dem Ende der Internationalen Gartenschau (igs) im Oktober 2013 ist das ehemalige Gartenschau-Gelände als Wilhelmsburger Inselpark für die Öffentlichkeit geöffnet – mit lauschigen Plätzen, wunderschönen Gärten und neuen Cafés auf einhundert Hektar. Über den Gertrud-von-Thaden-Platz betritt man die grüne Insel, auf der einem sofort das Herz aufgeht. Hier kann man entspannt auf den Liegewiesen grillen, mit Kindern die Spiel- und Sportflächen auskundschaften, den Hochseilgarten besuchen oder in der kunterbunten Willi Villa ein Stück Kuchen essen, bevor man sich im dazugehörigen Bootsverleih ein Kanu mietet und die Kanäle erkundet. *Am Inselpark, S-Bahn-Station Wilhelmsburg*

### Wasserpark Dove Elbe

Sie gilt als Geheimtipp, dabei ist sie so lang und hat so viele wunderschöne Anlegerplätze, dass man ihr ruhig zu etwas mehr Ruhm verhelfen darf. Die Dove Elbe ist ein 18 Kilometer langer Nebenarm der Elbe, der durch die Vierlande verläuft. Entspannter als auf einem der vielen Stege kann man im Sommer kaum abhängen. Das Beste: Die Dove Elbe ist mit öffentlichen Verkehrsmitteln zu erreichen – oder mit dem Fahrrad auf dem neuen Radweg hinter den Deichtorhallen über den Elbpark Entenwerder. *S-Bahn-Station Mittlerer Landweg, dann weiter mit dem Rad bis Allermöher Deich*

### Entenwerder1 im Elbpark Entenwerder

*Top!*

Viele Hamburger kennen den Elbpark Entenwerder von unzähligen Open Airs, die in den letzten Jahren auf der riesigen Grünfläche stattgefunden haben. Aber auch ohne Bass ist der Park einen Ausflug wert, hier hat man einen grandiosen Blick auf den Hafen, die Skyline der Innenstadt und die Elbbrücken. Und seit Sommer 2015 hat hier ein kulinarisches Kleinod seinen Sitz – das Café Entenwerder1, gebaut von der Familie Friese, Inhaber der Thomas-i-Punkt-Stores und des Labels Omen. Auf dem Ponton kann man hausgemachte Limonade, Kaffee der Public Coffee Roasters und Merguez oder ein leckeres Risotto unter Sonnensegeln genießen – mit Blick auf den goldenen Pavillon. *Mit der Buslinie 3 bis Billhorner Brückenstraße, www.facebook.com/entenwerder1*

### Stintfang

Weinanbau in Hamburg? Was absurd klingt, ist am Stintfang wahr geworden. Oberhalb der Landungsbrücken, auf dem östlichen Teil des Geesthanges, befindet sich die Anhöhe, deren Name sich vom Fisch Stint ableitet, der hier früher gefangen wurde. Seit 1995 ist hier ein kleiner Weinberg zu

Hause, die angepflanzten Reben sind ein Geschenk des Stuttgarter Weindorfs. Jährlich werden 40 bis 50 Flaschen der Hamburg Stintfang Cuvée erzeugt, die an Ehrengäste der Stadt vergeben werden. Von den Terrassen am Hang des Stintfangs hat man einen weiten Blick über den Hafen.
*S- und U-Bahn-Station Landungsbrücken*

## Strand Pauli

Beach Clubs in Hamburg – die einen lieben sie, die anderen machen einen großen Bogen darum. Worauf sich aber (fast) alle Hamburger einigen können, ist Strand Pauli. Hier macht man es sich im Sommer auf einer Liege gemütlich oder legt sich direkt in den warmen Sand. Man sieht die Elbe vorbeifließen, lässt sich die Sonne ins Gesicht scheinen und genießt einen der feinen Cocktails.
*St. Pauli-Hafenstraße 89*

## Altonaer Balkon

Einer der entspanntesten Plätze an der Elbe ist der Altonaer Balkon, ein Grünzug, der sich von Altona über Neumühlen nach Westen erstreckt und am westlichen Ende der Palmaille gegenüber dem Altonaer Rathaus liegt. Hier genießt man einen Hamburger Sommertag mit Blick über den Hamburger Hafen und den Köhlbrand.
*Palmaille 75*

## Museumshafen Övelgönne

Hübsche Museums- und Traditionsschiffe liegen im Museumshafen Övelgönne, der sich im Südteil von Othmarschen befindet. Am schönsten erreicht man ihn mit der HADAG-Fähre Linie 62. Steigt man an der Station Neumühlen aus, fällt als Erstes das kleine historische Wartehäuschen Döns auf. Von da schlendert man durch den kleinen Hafen und schaut sich die Schiffe an. Der Museumshafen wird von einem privaten

Verein betrieben, der Schiffe mit Denkmalcharakter erwirbt, restauriert und in Fahrt hält.
*HADAG-Fähre Linie 62 bis Neumühlen*

## Strandperle

Die Strandperle ist eine charmant-rustikale Instanz direkt an der Elbe. In dem Imbiss, der sich zum Szeneladen entwickelt hat, treffen sich Jogger und Sonnenanbeter, um ein kühles Bier oder einen kleinen Snack zu genießen. Den angrenzenden Strandabschnitt erreicht man über eine Treppe mit 126 Stufen, genannt Himmelsleiter.
*Övelgönne 60*

## Falkensteiner Ufer

Für viele Hamburger ist das Falkensteiner Ufer der schönste Strandabschnitt an der Elbe. An dem herrlich weitläufigen Strand zwischen Blankenese und Rissen kann man flanieren oder mit seinen Hunden toben. Er ist Teil eines Landschaftsschutzgebiets, das Ufer begrenzt den Wald an der Unterelbe.
*Falkensteiner Ufer 58*

STINTFANG

# Die schönsten Plätze an der Alster

## Alsterwiesen

Rund um die Außenalster befinden sich lauter Grünflächen, die zum Verweilen einladen – im Frühling unter wunderschönen Kirschblüten. Hier kann man grillen, eine Pause beim Joggen machen, den Hund ausführen und dabei die Segelboote und Alsterschwäne beobachten.

*Fährdamm 13*

## Binnenalster

Die Binnenalster wird umsäumt von den weißen Fassaden und kupfergedeckten Dächern von Büro- und Geschäftshäusern aus der Gründerzeit. Die Lombardsbrücke und die Kennedybrücke teilen sie von der Außenalster. In der Mitte befindet sich auf einem Ponton die 60 Meter in die Luft speiende Alsterfontäne, im Winter liegen die Märchenschiffe vor dem Alsterhaus – ein Weihnachtshighlight für die ganze Familie mit Theater, Kinderschminken und Backen.

*S- und U-Bahn-Station Jungfernstieg*

## Liebesinsel am Stadtparksee

Romantisch geht es auf der Liebesinsel am Stadtparksee zu. Hier gibt es den schönsten Bootsverleih Hamburgs mit liebevoll gestalteten Tret- und Ruderbooten. Von der Liebesinsel aus kann man mit einer Wasserstraßenkarte die Alsterarme erkunden, sich ein Eis kaufen und im Stadtparksee planschen.

*Südring 5a*

## Alsterperle

Ehemals ein Klohäuschen, bietet die Alsterperle heute Open-Air-Gastronomie an. Hier hat man einen tollen Blick über die gesamte Alster – bei herrlichem Sonnenschein wie bei klirrender Kälte. Ein schnelles Brötchen bekommt man hier ebenso wie eine heiße Erbsensuppe.

*Eduard-Rhein-Ufer 1*

FÄHRE LOUISIANA STAR

# Hafenrundfahrt & Fähren

## Hafenrundfahrt klein & groß

Den Containerhafen, die Hafencity und die Fleete der Speicherstadt erkundet man am besten mit einem der Fahrgastschiffe oder mit einer kleinen Barkasse. Vorbei geht es an der Ellerhof-Schleuse und an den Reparaturdocks von Blohm & Voss – es gibt kurze und lange Hafenrundfahrten, Lichter- und Adventsfahrten.

*Bei den St. Pauli-Landungsbrücken, www.hamburg.de/hafenrundfahrt*

## HVV-Fähre Landungsbrücken–Finkenwerder–Teufelsbrück

In Hamburg gehören Fähren zum öffentlichen Nahverkehr. Und schöner als mit der Linie 62 von den Landungsbrücken über Finkenwerder und Teufelsbrück kann man eine Mittagspause nicht verbringen. Während man sich den Kopf vom kräftigen Wind durchlüften lässt, geht es am Fischmarkt vorbei Richtung Övelgönne bis nach Teufelsbrück. Oder man steigt in die Linie 64 und stattet Finkenwerder einen Besuch ab.

*Bei den St. Pauli-Landungsbrücken*

## MS Mississippi Queen & Louisiana Star

Sie sind kitschig, laut und gehören zum Hamburger Hafen einfach dazu: Klammheimlich freut sich jeder Hamburger, wenn die hellblau-weißen Schaufelraddampfer an ihm vorbeituten. Sie fahren eine Stunde lang an der Speicherstadt entlang die Elbe hinauf bis zur Containeranlage Waltershof.

*Bei den St. Pauli-Landungsbrücken 1, täglich 11–16 Uhr*

# Bootsverleih und Stand-up Paddling

## SUP Club Hamburg

Stand-up Paddling ist ein großer Trend auf der Alster geworden, viele Hamburger leihen sich die Ausrüstung im SUP Club, hier trainiert auch Wladimir Klitschko. Einen Kurs kann man hier mitten in Eppendorf am schönen Isekai, direkt unterhalb von NOAS Restaurant, absolvieren.

*Bootssteg NOAS, Isekai 1, www.supclubhamburg.de*

## Bobby Reich

Der Bootssteg von Bobby Reich ist bis über die Stadtgrenzen hinaus bekannt, hier werden Boote gelagert, vermietet und im dazugehörigen Restaurant Kaffee und Kuchen sowie leckere Speisen angeboten. Einen traumhaften Blick auf die Boote und die Alster hat man auf der Sonnenterrasse und natürlich auf dem schönen Holzsteg.

*Fernsicht 2, www.bobbyreich.de*

## Bodo's Bootssteg

Hamburger zieht es im Sommer auf Bodo's Bootssteg, die Lage mit Blick auf die Segelboote zeigt Hamburg von seiner schönsten Seite. Hier gibt es frisch gezapftes Pils unter großen weißen Sonnenschirmen – für einen perfekt entspannten Sommernachmittag!

*Harvestehuder Weg 1b*

# Nova Meierhenrich

Schauspielerin & Moderatorin

### Alster oder Elbe?

Eigentlich heißt es für mich: Hauptsache Wasser! Aber tief im Inneren bin ich ein Elbe-Fan. Nichts geht darüber, einen Sommerabend mit Freunden an der Elbe zu sitzen, die Zehen im Sand, den Sonnenuntergang vor der Nase und den großen Tankern beim Auslaufen zuzuschauen. Irgendwie hat man das Gefühl, gleich da oben, wo das Schiff abbiegt, liegt das große weite Meer. Diese gefühlte Unendlichkeit, da gerate ich ins Träumen.

### Ihr Lieblingsplatz an der Alster?

Wer im Sommer ein schönes Plätzchen zum Grillen sucht, ist an der Alster genau richtig aufgehoben. Aber wichtig: das Lager auf der Winterhuder Seite aufschlagen, die Stadt und den Sonnenuntergang vor der Nase. Dort ist man an warmen Abenden auch nie allein – rund um die *Alsterperle* frönen Hunderte dem rauchigen Vergnügen, und nicht selten werden zu späterer Stunde die Decken zusammengeschoben, weil man – mal wieder – etliche neue Leute kennengelernt hat. Toll!

### Wo verbringen Sie den Hamburger Sommer?

An den Sommerwochenenden zieht es mich regelmäßig auf die andere Elbseite, um beim *Artville Festival* in verzauberter Atmosphäre in den Sonnenuntergang zu tanzen. Wer es etwas ruhiger und romantischer mag, sollte an den Abenden unbedingt mal bei den Wasserspielen in *Planten un Blomen* vorbeischauen – auch für ein Date sehr zu empfehlen.

### Welches ist Ihr Hamburger Lieblingscafé und warum?

Nach langen Elbausflügen zieht es mich immer in *Lühmanns Teestube* in Blankenese – dort ist es wunderbar heimelig, und es gibt neben Klassikern wie Senfeiern oder Quiche den besten selbst gemachten Kuchen. Zum Frühstücken ist mein absoluter Favorit

*Gretchens Villa* im Karoviertel – Steffi macht einfach die leckersten Kreationen, und seit nebenan auch noch *Gretchens Zuckerbude* aufgemacht hat, bleiben keine Wünsche mehr offen!

*Alsterperle* – Eduard-Rhein-Ufer 1, Uhlenhorst / *Artville Festival* – Wilhelmsburg / *Planten un Blomen* – Jungiusstraße 1, Innenstadt / *Lühmanns Teestube* – Blankeneser Landstraße 29b, Blankenese / *Gretchens Villa & Gretchens Zuckerbude* – Marktstraße 142, Karoviertel

# Hotels

## 25hours Hotel Hafencity

In diesem jungen Designhotel hat man Elbe, Hafencity, Speicherstadt und den Hamburger Hafen direkt vorm Fenster. Das hippe Interieur ist deshalb auch vom Hafen inspiriert. Hotelgästen stehen Sauna, Arbeitsbereich mit iMacs, Kiosk, Restaurant und Bar, Tiefgarage sowie kostenloser Mini- und Fahrradverleih zur Verfügung.

*DZ AB CA. 107 EURO/NACHT*
*Überseeallee 5, Hafencity,*
*Tel.: 040/25 77 77-0,*
*www.25hours-hotels.com*

## 25hours Hotel Altes Hafenamt

Direkt neben dem 25hours Hotel Hafencity gibt es einen nagelneuen weiteren Ableger der hippen Hotelgruppe. Im hoteleigenen Restaurant Neni kommt ostmediterrane Küche auf die Teller, die Cocktails dazu liefert eine Dependance der Hamburger Boilerman Bar.

*DZ AB 135 EURO/NACHT*
*Osakaallee 12, Hafencity,*
*Tel.: 040/555 57 50,*
*www.25hours-hotels.com*

## East Hotel

Das Vier-Sterne-Superior-Designhotel liegt im Herzen von St. Pauli, in direkter Reeperbahn- und Dom-Nähe. Hier hat man die Qual der Wahl: Wellness im Mandarin Body & Soul Spa, entspannen auf der sonnigen Dachterrasse, dinieren im hervorragenden, hauseigenen Sushi-Restaurant oder tanzen im Upper East Club.

*DZ AB CA. 99 EURO/NACHT*
*Simon-von-Utrecht-Straße 31, St. Pauli,*
*Tel.: 040/30 99 30, www.east-hamburg.de*

## Gastwerk

Die Architektur des ehemaligen Gaswerks aus Backstein und Stahl verleiht dem Hotel Gastwerk in Altona eine außergewöhnliche Atmosphäre. Die Industrieelemente sind an vielen Stellen noch zu erkennen und ergeben gemeinsam mit der modernen Einrichtung ein spannendes Zusammenspiel. Zu „Hamburgs erstem Designhotel", das bereits im Jahr 2000 eröffnete, gehören ein sehr gutes Restaurant und ein Day Spa, in dem sich auch Treatments buchen lassen.

*DZ AB CA. 100 EURO/NACHT*
*Beim Alten Gaswerk 3, Altona,*
*Tel.: 040/890 62-0, www.gastwerk.com*

## Henri

Das Hotel Henri, das – sehr praktisch – direkt in der Innenstadt Nähe Mönckebergstraße liegt, ist der junge Bruder des Fünf-Sterne-Hotels Louis C. Jacob. Im Henri trifft Retro-Einrichtung im Mad Men-Stil auf angenehme Lässigkeit. Statt Restaurant gibt es zum Beispiel eine chice Gemeinschaftsküche, in der sich jeder Gast wie zu Hause fühlen soll.

*DZ AB CA. 120 EURO/NACHT*
*Bugenhagenstraße 21, Innenstadt,*
*Tel.: 040/55 43 57-557,*
*http://henri-hotel.com*

## Raphael Hotel Wälderhaus

Das ökologisch ausgerichtete Drei-Sterne-Superior-Hotel liegt auf der Elbinsel Wilhelmsburg und befindet sich im Wälderhaus, das ganzheitlich auf Nachhaltigkeit bedacht ist. Die modernen und gemütlichen Zimmer sind nach heimischen Baumarten benannt, und das hauseigene Restaurant Wilhelms bietet regionale Frische-Küche an. Obwohl man sich auf der anderen Elbseite befindet, ist die Innenstadt in nur rund 10 Minuten mit der S-Bahn zu erreichen.

*DZ AB CA. 85 EURO/NACHT*
*Am Inselpark 19, Wilhelmsburg,*
*Tel.: 040/30 21 56 10-0,*
*www.raphaelhotelwaelderhaus.de*

## Side Hotel

Das Fünf-Sterne-Designhotel liegt mitten in der Innenstadt. Hier trifft geradliniges Design auf spannende Farbakzente – verantwortlich für die Inneneinrichtung ist der Mailänder Star-Designer Matteo Thun. Unbedingt besuchen: das Side Spa und die Sky Lounge mit Dachterrasse. Wer sich etwas Besonderes gönnen möchte, bucht eine „flying Suite" mit Blick über die Dächer von Hamburg.

*DZ AB CA. 149 EURO/NACHT*
*Drehbahn 49, Innenstadt,*
*Tel.: 040/309 99-0, www.side-hamburg.de*

## Sir Nikolai Hotel

Das zweite Sir Hotel in Deutschland bietet, zwischen Speicherstadt und Altstadt gelegen, 94 Zimmer und Suiten, das Restaurant „Izakaya Asian Kitchen & Bar" und ein Spa mit Fleetblick. Die Zimmer wurden vom holländischen Design-Duo FG Stijl in einem modernen Stil zwischen elegant und gemütlich gestaltet – mit Samtsesseln, Kunst an den Wänden und Marmor im Bad.

*DZ AB CA. 153 EURO/NACHT*
*Katharinenstraße 29, Innenstadt,*
*Tel.: 040/29 99 66 60,*
*www.sirhotels.com/de/nikolai*

## Superbude Hostel

Wer auf der Suche nach einem günstigen Boutique-Hotel ist, sollte sich in der Superbude in St. Pauli in Schanzennähe einquartieren. Allein die Lobby des jungen und urbanen Hotels versprüht mit Vintagemöbeln und Industrielampen so viel gemütlichen Charme, dass man sich schnell wie zu Hause fühlt. Eine zweite Superbude liegt in St. Georg (Spaldingstraße 152).

*DZ AB CA. 60 EURO/NACHT*
*Juliusstraße 1, St. Pauli,*
*Tel.: 040/80 79 15 82-0,*
*www.superbude.de*

## The George

Das Hotel The George trägt seinen Namen, weil es einerseits im Viertel St. Georg liegt und andererseits von britischem Chic inspiriert ist. Neben schweren Chesterfield-Sofas erwarten den Gast im Hotel ein Day Spa, ein italienisches Restaurant, eine Cocktailbar und ein großartiger Ausblick über die Außenalster von der Dachterrasse des Hotels.

*DZ AB CA. 160 EURO/NACHT*
*Barcastraße 3, St. Georg,*
*Tel.: 040/28 00 30-0,*
*www.thegeorge-hotel.de*

SIR NIKOLAI HOTEL

25HOURS HOTEL HAFENCITY

## Sightseeing

*www.hamburg-tourism.de*

*TOUREN*
*www.pauli-tourist.de*
*www.hamburg-auskenner.de*
*www.hotrod-citytour-hamburg.com*
*www.hamburg.de/stadtfuehrung*
*www.hamburg-tours.com*
*www.abenteuer-hamburg.com*
*www.segway-citytour.de/info*
*www.waterkant-touren.com*

*BOOT*
*www.barca-boat-events.de*
*www.hamburg.de/hafenrundfahrt*
*www.alstertouristik.de*
*www.alsterdampfer.de*
*www.hamburg-citytours.de*
*www.frauhedi.de*
*www.hvv.de*

*BUS*
*www.hamburg-stadtrundfahrten.com*
*www.hamburg.de/stadtrundfahrt*
*www.die-roten-doppeldecker.de*

## Tickets

*www.funke-ticket.de*
*www.stage-entertainment.de*
*www.hamburg-tourism.de*
*www.fcstpauli.com*
*www.eventim.de*
*www.hanseplatte.de*
*https://www.elbphilharmonie.de/de/*

## Veranstaltungen & Partys

*www.hamburg.mitvergnuegen.com*
*www.hamburg-magazin.de*
*www.kulturlotse.de*
*www.hamburg.de*
*www.heuteinhamburg.de*
*www.hh-er-leben.de*

## Verkehrsmittel

*ÖFFENTLICHE VERKEHRSMITTEL*
*www.hvv.de*
*www.der-metronom.de*

*TAXIS*
*Hansa-Taxi*
*Tel.: 040/21 12 11, www.taxi211211.de*
*Taxi Hamburg*
*Tel.: 040/66 66 66*
*www.taxihamburg.de*

*CAR-SHARING*
*www.switchh.de*
*www.car2go.com*
*www.greenwheels.com*
*www.cambio-carsharing.de/hamburg*
*www.drive-now.com*

*FAHRRAD, RIKSCHAS & RADWEGE*
*StadtRad Hamburg*
*Tel.: 040/822 18 81 00,*
*www.stadtrad.hamburg.de*
*Zweiradperle*
*Tel.: 040/30 37 34 74,*
*www.zweiradperle.hamburg*
*Fahrradtaxi Pedalotours*
*Tel.: 0177/736 70 42,*
*www.pedalotours.de*
*Elberadweg*
*www.elberadweg.de*

## Instagram & Hashtag
*@welovehh & #welovehh*
*#hamburgforwomenonly*

# EINE KLEINE VIERTELKUNDE

*ALTONA Altona ist ein kleines entspanntes Dorf mit einer Menge Multikulti-Flair. Herzstück ist die Ottenser Hauptstraße mit vielen kleinen und großen Geschäften, Biomärkten, Bars und türkischen Imbissen. Das Beste an Altona ist, dass die Elbe nur einen Katzensprung entfernt ist!*

*ALTSTADT In Hamburgs Altstadt treffen historische Orte wie das Chilehaus oder die Deichstraße auf zahlreiche Galerien mit zeitgenössischer Kunst. Die Speicherstadt ist gleich nebenan.*

*BLANKENESE Einst ein kleines Fischerdorf, ist Blankenese heute der Wohnsitz der gut betuchten Hamburger – hier reiht sich eine beeindruckende Villa an die nächste. Bei dem Blick auf die Elbe und die wunderschönen Elbparks kann man es ihnen schwer verdenken.*

*EIMSBÜTTEL In Eimsbüttel, auch bekannt als Eimsbush, geht es locker zu. Hier wohnen entspannte Eimsbütteler, die gern ihren Kaffee und Lunch in den zahlreichen Cafés und Restaurants genießen.*

*EPPENDORF Das chice Eppendorf ist mit seinen vielen hübschen Stadtvillen, Jugendstilhäusern und dem berühmten Isemarkt heiß begehrt und wird vorrangig vom wohlhabenden Teil der Bevölkerung bewohnt.*

*GRINDELVIERTEL Hübsch und charmant ist das Grindelviertel, einst Zentrum der jüdischen Gemeinde. Hier gibt es kleine süße Geschäfte, exzellente Restaurants und das wunderbare Abaton-Kino.*

*HAFENCITY Die Hafencity ist die Zukunft Hamburgs, die Stadtentwicklung an der Waterfront. Hier reiht sich ein verglaster Prachtbau – mit unbezahlbaren Eigentumswohnungen – an den nächsten. Dazu gesellen sich die Elbphilharmonie, der Marco-Polo-Tower und die Magellan-Terrassen.*

*HOHELUFT Herzstück des Hoheluftviertels ist das sogenannte „Generalsviertel". In den allesamt nach Generälen benannten Straßen stehen herrschaftlich-schöne Altbauten, die Ende des 19. Jahrhunderts erbaut wurden.*

*INNENSTADT Tagsüber pulsiert in der Hamburger Innenstadt das Leben – rund um den Jungfernstieg, den prächtigen Neuen Wall und die Mönckebergstraße kann man shoppen bis zum Umfallen.*

*KAROVIERTEL Das alternative Herz Hamburgs schlägt im Karoviertel, das Herzstück ist die Marktstraße mit vielen kleinen Läden und Cafés. Ein paar Punks sieht man hier auch noch rumlaufen – auf dass sie lange bleiben mögen!*

*NEUSTADT* Die Neustadt ist im Kommen – das haben auch viele Galerien und kleine Designstores entdeckt, die sich hier nach und nach ansiedeln. Rund um den Michel sind die Mieten in den kleinen Straßen für Hamburger Verhältnisse noch einigermaßen leistbar. Entsprechend bodenständig geht es auf den Straßen zu.

*OTTENSEN* Ottensen ist authentisch bis teilweise alternativ und somit extrem beliebt. Gemüsekioske, viele Bars und Restaurants reihen sich an Weinläden und kleine Buchhandlungen.

*ROTHENBURGSORT* Industriegebiet meets Hafenflair: Rothenburgsort ist ein rauer Stadtteil mit grünen Oasen – im Sommer unbedingt den Entenwerder Elbpark besuchen!

*ROTHERBAUM* Der bekannteste Teil des teuren Rotherbaumviertels ist das Quartier Pöseldorf: Hier wohnen Hamburgs Reiche in ihren Alster-Residenzen.

*ST. GEORG* St. Georg ist die Hamburger Hochburg der Schwulenszene, die sich am Wochenende ihren Kuchen am liebsten im Café Gnosa schmecken lässt. Auf der Langen Reihe kann man gut shoppen und essen gehen.

*ST. PAULI* St. Pauli hat in den letzten Jahren viel an Authentizität verloren. Besserverdienende haben das ehemals charmant-heruntergekommene Viertel für sich entdeckt, die Mieten in die Höhe getrieben und alteingesessene Kiez-Urgesteine verdrängt. Ein paar Schmuddelecken gibt es aber zum Glück noch.

*STERNSCHANZE* Einst Hoheitsgebiet der linksalternativen Gegenkultur, deren Keimzelle die Rote Flora ist, wurde das ehemals dunkle Pflaster von der Gentrifizierung erfasst. Heute wird vorwiegend geshoppt, Kaffee geschlürft und Leute geschaut. Aber Vorsicht, manchmal brennt der Asphalt hier immer noch!

*UHLENHORST* Östlich der Außenalster liegt das schöne Uhlenhorst. Wo früher Lastkähne angelegt haben, geht man heute in chice Bars und Restaurants.

*WILHELMSBURG* Die stiefmütterlich behandelte Elbinsel hat sich in letzter Zeit gemausert – mit der Internationalen Bauausstellung und der Internationalen Gartenschau zog die Moderne ein. Jetzt machen weitläufige Gartenanlagen und architektonische Wunderbauten Wilhelmsburg zu einem beliebten Ausflugsziel – zum Glück noch mit rauem Hafenarbeiter-Flair.

*WINTERHUDE* Rechts von der Alster liegt das putzige Winterhude. Das kleine Dörfchen wird durchzogen von den schönen Alsterarmen Osterbekkanal und Goldbekkanal, die man am besten mit dem Boot erkundet. Gesehen und gesehen werden heißt es am bekannten Straßenzug Mühlenkamp.

— LISA VAN HOUTEM

# Der erste City-Guide für stilbewusste Frauen

Erleben Sie mit den coolsten Insiderinnen Ihre Lieblingsstadt: Die Hotspots für Mode, Kunst, Design und Beauty, handverlesen und spannend und amüsant präsentiert von Nicole Adler und ihrem Team.

*WIEN*
*Viel mehr als Lipizzaner, Sisi und Stephansdom.*
*ISBN 978-3-7106-0031-9  € 24,-*

*ZÜRICH*
*Viel mehr als Bahnhofstrasse, Banken und Kronenhalle.*
*ISBN 978-3-7106-0201-6  € 24,-*

Brandstätter

## KATHARINA CHARPIAN

_____

ist seit vielen Jahren als freie Journalistin und Stylistin für große Print- und Onlinemagazine wie _Maxi, Neon, Blonde_ und _Brigitte.de_ tätig. Von 2012 bis 2015 hat sie das Moderessort des Interior- & Fashion-Magazins _COUCH_ aufgebaut. 2010 hat die Hamburgerin außerdem das Mode- und Reiseblog _I ♥PONYS Magazine_ (www.iloveponysmag.com) gegründet, das zu den bekanntesten Blogs Deutschlands zählt. In Kooperation mit Mercedes Me hat sie mehrfach Pop-up-Stores mit lokalen Designern in Hamburg veranstaltet. In diesem Guide verantwortet sie die Rubriken „Mode & Shopping", „Interior & Design" sowie „Ausflüge & Erholung".


## LISA VAN HOUTEM

_____

ist gebürtige Hamburgerin, hat ihre Heimat für zwei Jahre mit einer Berlin-Affäre betrogen und wird so schnell nicht wieder aus der schönsten Stadt der Welt wegziehen. Die Kommunikationswirtin arbeitet nach Stationen in Redaktionen und Produktmanagement bei Hubert Burda Media und dem Gruner+Jahr Verlag als freie Journalistin. Für den Guide hat sie die besten Tipps zu Nachtleben, Kunst und Kultur, Architektur und Hamburg am Wasser zusammengetragen.


## ANNA WEILBERG

_____

zog nach ihrem Magisterstudium der Medienwissenschaft, Anglistik und Japanologie in Deutschland und England – und einer Station in München als Diplomandin bei Hubert Burda Media – für eine Stelle als Redakteurin nach Hamburg. In der Hansestadt fühlte sie sich sofort sehr wohl. Seit 2015 arbeitet sie als freie Journalistin. Sie ist in diesem Reiseführer für die Kapitel „Essen & Trinken" sowie „Beauty & Entspannung" zuständig.

## FEMTASTICS

Zusammen betreiben die drei Journalistinnen seit 2015 sehr
erfolgreich femtastics.com, das erste digitale Magazin für Girlpower.
In multimedialen Home- und Workstories mit ausführlichen
Interviews stellt das Trio inspirierende Frauen und ihre ganz
unterschiedlichen Lebensstile vor. Im Jahr 2018 ist homtastics.com,
das digitale Magazin für Boypower, dazugekommen.
Außerdem betreiben die Autorinnen Tastics Media, die Agentur
für Creative Content, Social Media Consulting und Konzeption
in Hamburg.

### NICOLE ADLER

schreibt seit vielen Jahren als Modejournalistin und Autorin
für Magazine und Tageszeitungen, u. a. als Moderessortleiterin
für *Diva* und *Kurier* und als Beauty-Editor at Large für das
Magazin *Flair*. Sie ist Lektorin an der Universität Wien
und Herausgeberin der erfolgreichen City-Guide-Reihe
*for Women only*.

### PELLE BUYS

Durch und durch gebürtiger Hamburger und professioneller
Autodidakt, beschäftigt sich Pelle Buys mit allen Ausdrucksformen
der Kunst – von Fotografie über audiovisuelle Performance bis
hin zur Malerei. Tagsüber fotografiert er für Lifestyle-Titel und
dokumentiert die Szene Hamburgs, nachts fungiert er als Party-
Veranstalter und ist als DJ seit vielen Jahren aus dem Hamburger
Nachtleben nicht mehr wegzudenken.

Bildnachweise:
S. 6 Anaïs Horn, Sevda Albers, Uta Gleiser, S. 8 Maria Gibert, S. 11 Chanel,
S. 16 Apropos, S. 17 Chanel, UZwei, S. 20 Kleiderei, S. 22 Yelda Yilmaz, Maria Gibert,
S. 23 Anna Wegelin, S. 26 Annika Karrenbauer, Xenia Bous, S. 27 VIU Eyewear,
S. 32 Perle, S. 35 Janna Tode, S. 36 Lys Vintage, Plyground, S. 40 Pliet, Janne Peters,
S. 41 Janna Tode, S. 45 Freundts, S. 48 Perle, S. 52 LUV, S. 53 Schön & Ehrlich,
S. 68 Hej Papa, S. 71 Annika Hirsch, S. 75 Uta Gleiser, Maria Gibert,
S. 76 Klaus Frahm, Anna Weilberg, S. 77 Mali Lazell, Julia Maria Max, S. 82 Eis Schmidt,
S. 84 Luicella's Eis, S. 85 Michael Holz, S. 87 Cuneo, S. 90 Café Paris, Bistro Carmagnole,
S. 92 Witwenball, S. 93 Kleine Brunnenstraße 1, S. 96 Coast by East, Studio Lassen,
S. 97 Petit Amour, Alpenkantine, S. 99 Altes Mädchen & Henning Angerer, S. 104 Chapeau,
S. 105 Pieter Pan Rupprecht, David Burghard, S. 107 Marktzeit Hamburg,
S. 109 Tim Ohnsorge, S. 113 Thomas Kosikowski, S. 114 INA hamburg Fotografie & Design,
S. 116 clouds – Heaven's Bar & Kitchen, S. 120 Cyrus Saedi,
S. 122, 132, 150 Fabian Hammerl, S. 126 Uppereast, S. 132 Knotenpunkt Festival/Tintinpatrone,
S. 131 Gerolf Mosemann, S. 139 Sammlung Falckenberg,
S. 149 Knotenpunkt Festival/Tintinpatrone, S. 151 Soumita Bhattacharya,
S. 158 Aesop, S. 162 Bellapelle, S. 170 shutterstock/ajlatan, S. 175 Zweite Heimat Hotel,
S. 176 Suse Multhaupt, S. 184 Götz Berlik, S. 185 Heide Park Soltau, Grand Hotel Heiligendamm,
S. 186 Beach Motel, S. 187 Mirjam Klessmann,
S. 199 Sir Nikolai, 25hours Hotel Hafencity, S. 205 Sevda Albers.

Unser Dank geht an:
Sven Hoffmann für das Porträt von Iris von Arnim
Sandra Semburg für das Porträt von Sue Giers
Linda David für die Porträts von Ini Neumann & Vera Heimsoth
Katrin Schöning für das Porträt von Eveline Hall
Janna Tode für die Porträts von Maria Gresz & Melanie-Jasmin Jeske
Annika Hirsch für das Porträt von Aminata Belli

*Fotografie:* Pelle Buys
*Grafikdesign:* Mitra Farahmand & Christine Fischer
*Inserate:* Martensgarten
*Lektorat:* Elisabeth Hunger
*Bildbearbeitung:* Pixelstorm Wien
*Projektleitung:* Julia Herrele
*Papier:* Munken Polar 120 g/m$^2$

ISBN 978-3-7106-0276-4

## *Liebe Leserin, lieber Leser!*

*Hat Ihnen dieses Buch gefallen?
Wollen Sie weitere Informationen
zum Thema? Möchten Sie mit den
Autorinnen in Kontakt treten?
Wir freuen uns auf Austausch
und Anregung!*

Brandstätter Verlag
Wickenburggasse 26
1080 Wien
E-Mail: leserbrief@brandstaetterverlag.com
Telefon (+43-1) 512 15 43-256

Wir sagen Danke.
Bleiben wir in Verbindung.